前言

  亲爱的家长朋友，您是否也曾经感到困惑，不知道如何更恰当地表达对孩子的爱意和鼓励？您是否也渴望找到一种更积极、更有效的方法来激发孩子的成长动力？

  每个孩子都是独一无二的天使，他们渴望被看见、被认可、被赞美。一句真诚的夸奖，胜过千言万语的说教，它不仅有助于孩子树立自信心，还能激发孩子对学习的热情和潜在的能力，让孩子深切地感受到来自父母的关爱和支持。然而，许多家长却因为措辞不当，或者担心过度夸奖会使孩子变得骄傲自满，错过了许多鼓励孩子的机会。

  为了更好地赞美和激励孩子，本书精心编写了1600句夸奖孩子的话语，这些话语涵盖了学习、行为、品德、家风、心态、社交等六大方面，贴近日常生活，并结合了各种具体场景，以漫画形式展现，且提供了丰富多样的激励方式。通过这些具体而生

动的话语，家长可以更精准、更生动地表达对孩子的赞美，从而帮助他们茁壮成长。

我们衷心希望这1600句充满智慧和情感的夸奖话语，能够帮助您更好地了解孩子、欣赏孩子、鼓励孩子，陪伴他们健康、快乐地成长，共同创造一个充满爱与支持的家庭环境。

目录

第一章 夸出好习惯，学习进步看得见

高效完成作业：夸孩子珍惜时间，做事有效率 / 1

告别拖延症：夸孩子说到做到，行动力超强 / 4

热爱阅读：夸孩子求知欲强 / 7

积极动脑：夸孩子勤于思考，富有创造力 / 10

学习认真：夸孩子学习态度端正，踏实认真 / 13

每一次进步都值得庆祝：夸孩子学习进步 / 16

找到了适合自己的学习方法：夸孩子善于总结 / 19

勇于提问：夸孩子课堂上的积极表现 / 22

第二章 夸出好行为，自律文明人人爱

告别赖床：夸孩子生活自律，作息规律 / 25

收纳小达人：夸孩子爱干净，整洁有序 / 28

不吃零食：夸孩子饮食健康身体棒 / 31

文明守纪的好榜样：夸孩子遵守规则 / 34

有自己的想法：夸孩子有主见 / 37

积极举手发言：夸孩子勇气可嘉 / 40

公共场合不大声喧哗：夸孩子遵守公共秩序 / 43

主动和别人打招呼：夸孩子落落大方 / 46

友善待人：夸孩子真诚待人，善解人意 / 49

第三章 夸出好心态，自信勇敢，快乐成长

勇敢追逐梦想：夸孩子有理想 / 52

发展兴趣爱好：夸孩子懂得挖掘自己的闪光点 / 55

跌倒了再爬起来：夸孩子懂得从失败中学习 / 58

积极乐观：夸孩子正能量满满 / 61

对生活充满了热情：夸孩子热爱生活 / 64

十万个为什么：夸孩子有好奇心 / 67

不畏困难，勇往直前：夸孩子坚持不懈的精神 / 70

不断突破自我：夸孩子勇于挑战自我 / 73

第四章 夸出好品德，善良勇敢最可贵

打不倒的小超人：夸孩子勇敢坚强 / 76

最棒的自己：夸孩子自信阳光 / 79

老师和同学的好帮手：夸孩子乐于助人 / 82

控制脾气：夸孩子懂得情绪管理 / 85

爱护小动物：夸孩子充满爱心，关爱生命 / 88

独立思考：夸孩子独立，有主见 / 91

敢于表达自我：夸孩子表达能力强 / 94

诚实是最好的品质：夸孩子为人正直 / 97

知错就改：夸孩子勇于承担责任 / 100

第五章 夸出好社交，拥有美好快乐的童年

拒绝朋友不合理的要求：夸孩子有原则 / 103

慰问生病的同学：夸孩子懂得关心他人 / 106

准时参加朋友的聚会：夸孩子重视承诺 / 109

学会考虑朋友的感受：夸孩子懂得换位思考 / 112

和朋友分享快乐：夸孩子乐于分享，慷慨大方 / 115

包容朋友的缺点：夸孩子包容他人 / 118

朋友的倾诉对象：夸孩子懂得倾听 / 121

善于与他人协作：夸孩子团队合作能力强 / 124

第六章 夸出好家风，父母是孩子的榜样

感恩父母：夸孩子懂得感恩，孝顺父母 / 127

安排的事马上去做：夸孩子有行动力，做事麻利 / 130

照顾弟弟妹妹：夸孩子有责任感，爱护家人 / 133

和家人分享快乐：夸孩子热爱家庭 / 136

能感受到你的爱：夸孩子善于表达爱意 / 139

有问题及时沟通：夸孩子善于沟通，会商量 / 142

帮助家人分担忧愁：夸孩子懂得减轻父母负担 / 145

你做家务的样子真棒：夸孩子热爱劳动 / 148

第一章 夸出好习惯，学习进步看得见

高效完成作业：
夸孩子珍惜时间，做事有效率

情景 重现

面对孩子写作业时的分心与拖延，家长们往往感到无奈又头疼。一些孩子一写作业就表现得三心二意：摸橡皮，玩笔，在写作业的同时听音乐或看电视，还可能频繁地离开座位，不停地去做一些小事儿，如喝水或上厕所。面对这种情景，有的家长大声吼叫，有的家长不断催促，有的家长事事包办……但这些处理方式不但无法解决问题，还会让孩子对写作业产生抵触情绪，影响学习兴趣和积极性。

情景 分析

孩子从玩耍状态切换到专注写作业的状态需要一个过程。如果父母不给孩子过渡的时间，频繁地干扰他们，那么即使孩子在父母的监督下完成了作业，也可能只是应付了事，难以保证质量，并且还可能影响孩子后续的学习状态和效率。

为了帮助孩子养成专心写作业的习惯，家长可以采取一些积极的方法引导孩子，而不是简单粗暴地批评或惩罚。比如，父母可以仔细观察孩子在写作业过程中的表现，寻找孩子的进步点和闪光点，及时给予夸奖和鼓励。

夸奖不仅能让孩子感受到自己的努力被看到和认可，还能增强他们的自信心和学习动力。通过对孩子进步的肯定，也让孩子明白他们有能力做得更好，从而激发他们的内在自律意识。

当孩子不再排斥写作业，并且在夸奖中不断提高自己的自我管理能力后，就能慢慢养成良好的写作业习惯，提高学习效率和质量。

孩子写作业不专注，是一个需要家长和孩子共同努力解决的问题。请记住，耐心和理解，及时给予赞美和鼓励，永远是最好的教育方式。

这样夸孩子

- 你今天做作业时专注得像一位小侦探，完全没分心。
- 宝贝，你对待作业的态度真是既认真又负责！
- 你做作业时的认真和努力，让我相信你在其他方面也会同样出色。
- 宝贝，你能抵挡住电视的诱惑，专心完成作业，给自己点赞！
- 你不仅完成了作业，还主动检查，真是个细心负责的孩子。
- 不管遇到什么难题，你都能积极寻找解决办法，这种习惯真好！
- 你的作业完成得非常出色，说明你已经掌握了今天所学的知识。
- 今天的作业完成得比昨天快，你的效率提升了哦。
- 看你工整的字迹和准确的答案，就能感受到你的认真和仔细。
- 即使作业再多再难，你也能保持耐心一步步完成，真是不容易。
- 这么难的题你都能做对，说明你对知识点掌握得很牢固。
- 你今天的作业完成得既快又好，说明你在既定时间内可以有效完成任务。
- 你今天的作业完成得很不错，给你一个赞。
- 哇，现在你可以尽情享受你的自由时间了，这是你在规定时间内完

第一章　夸出好习惯，学习进步看得见

成作业的奖励。
- 👍 你今天写作业时坐姿端正，妈妈也要向你学习。
- 👍 遇到不会的题目，你不依赖别人，这种独立思考的习惯很好。
- 👍 今天做作业时，你主动查阅资料，展现出了你很强的学习能力。
- 👍 在做作业的过程中，你能保持不骄不躁，这很了不起。
- 👍 你的思路清晰，解题步骤规范，一看就知道你认真思考了。
- 👍 做作业时，你能举一反三，灵活运用所学知识，一看就是用心了。
- 👍 做作业时，你没被其他事情影响，看得出来你非常专注。
- 👍 即使面对重复的练习题，你也能够保持耐心，这种学习态度非常难得。
- 👍 你看，保持桌面整洁，写作业都没压力了！
- 👍 宝贝，你能合理安排时间，高效完成作业，时间管理能力真强。
- 👍 今天做作业时，你表现得非常自信，相信自己能够完成，这种心态很棒。
- 👍 你不仅关注正确答案，还会思考其他解题思路和方法，这种学习态度值得肯定。
- 👍 遇到难题时，你没有轻易放弃，这种坚持不懈的精神值得赞扬。
- 👍 你能将课堂上学习的知识与实际生活联系起来，学以致用，真是太棒了！
- 👍 你对新知识充满好奇，这种求知欲将让你在学习的道路上越走越远。
- 👍 对于不懂的地方，你会标记出来，之后再请教，这种学习方法非常好。
- 👍 你不仅完成了作业，还提前预习了新的课程内容，你是个对学习有规划的好孩子。
- 👍 能把复杂题目分解成简单步骤解决，你解决问题的能力很强！

告别拖延症：
夸孩子说到做到，行动力超强

情景 重现

面对孩子磨磨蹭蹭、拖拖拉拉的行为，家长们常常感到心力交瘁。早晨起床困难，写作业拖拉，答应的事情迟迟不做，凡事不到最后一刻不行动……这些都是孩子常见的拖延行为。为了督促孩子，有的家长苦口婆心、反复催促，有的家长忍不住发脾气、大声训斥，但往往收效甚微，甚至可能加剧孩子的抵触情绪，让他们更加抗拒改变。

情景 分析

孩子的拖延行为背后通常隐藏着多种原因。有些孩子可能对时间没有概念，意识不到拖延的后果；有些孩子则是因为害怕失败，害怕面对挑战，选择逃避；还有些孩子可能对任务本身缺乏兴趣，提不起

第一章 夸出好习惯，学习进步看得见

劲头。此外，缺乏自律也是导致孩子拖延的重要原因之一。

家长若想帮助孩子克服拖延的毛病，单纯地批评并不能解决问题，反而可能适得其反。要想真正帮助孩子克服拖延症，家长需要理解孩子行为背后的原因，并采取积极有效的措施。

例如，家长可以通过引导孩子设定目标和计划，并将大目标分解成一个个小目标，帮助孩子更好地管理时间，逐步克服拖延的习惯。当孩子完成一个小目标时，家长及时给予肯定和鼓励，通过夸奖的方式引导孩子积极主动地行动，激发他们的内在动力，让他们意识到说到做到和立即行动的重要性，并体验到行动带来的成就感。

当孩子感受到来自父母的肯定和鼓励，他们就会更加自信、更有动力去克服拖延的习惯。久而久之，孩子就能养成说到做到的习惯，在学习和生活中更加积极主动、充满自信。同时，家长也要以身作则，为孩子树立良好的榜样。

这样 夸孩子

- 宝贝，你今天早上起床像小火箭一样快，太棒啦！
- 你今天起床真准时，说到做到，为你点赞！
- 宝贝，你说要在晚饭前完成作业，你真的做到了，太厉害了！
- 你答应自己整理玩具，马上就去做了，真是妈妈的小帮手！
- 你主动去倒掉垃圾，真是个爱干净的好孩子！
- 你提前做好了所有准备，相信你在比赛时一定会游刃有余！
- 宝贝，你说要学攀岩，并且马上就开始行动了，你真是个勇敢的小超人！
- 你说要帮妈妈做家务，不仅说了，还做得非常认真，妈妈爱你！
- 你一直在认真地画画，没有被其他事情干扰，你具备很强的专注力！
- 宝贝，你在规定的时间内完成了老师布置的任务，为你鼓掌！
- 今天要去看望爷爷奶奶，你早早地就准备好了礼物，真是个孝顺的好孩子。

👍 宝贝，你说到做到，不拖延，妈妈也要向你学习！

👍 你发现有需要修正的地方，马上就修正，这个习惯很好！

👍 宝贝，你每天都坚持运动，真是个充满活力的小太阳！

👍 宝贝，你在遇到问题时，立刻便想办法解决，你真棒！

👍 你主动制订学习计划并认真执行，相信你一定会有很大进步的！

👍 宝贝，你在做事情时总是充满热情，相信你一定能收获很多快乐！

👍 宝贝，你每天都坚持背诵单词，你的坚持一定会让你越来越棒！

👍 在完成作业后，你又主动预习明天的学习内容，都不用妈妈说，真是让妈妈省心的孩子！

👍 宝贝，你说自己洗衣服，不仅马上就洗，还洗得这么干净，你可真能干！

👍 你每次都能按规定的时间放下手机，你的自制力很强！

👍 宝贝，你能够按照计划完成每天的阅读任务，你真是个自律的好孩子！

👍 宝贝，你每天都能按时上床睡觉，妈妈为你的规律作息点赞！

👍 即使面对很多任务，你也能在规定的时间内完成，你真了不起！

👍 宝贝，你每天早起练球的自律，会让你在未来更加出色。

👍 你今天主动完成了家务，说到做到，真是妈妈的好帮手！

👍 你今天比昨天更加主动，不需要我提醒就开始做作业了，真棒！

👍 你提前完成了周末的复习计划，相信你在学习上会越来越轻松！

👍 你能够主动规划你的一天，不让拖延成为阻碍，你真棒！

👍 你能够坚持每天早起，而不是赖床到最后一分钟，你真棒！

👍 你做好计划后能马上去做，这种立刻行动的执行力会让你变得非常优秀！

👍 宝贝，你这个计划做得太好了，条理性很强！

热爱阅读：
夸孩子求知欲强

 **情景 重现**

面对孩子喜欢玩游戏和看电视，却对阅读缺乏兴趣的情况，家长们常常感到担忧，担心长时间下去，孩子的语言表达能力、想象力以及对世界的认知都可能受到影响。有的家长试图通过强制手段让孩子读书，但这种方式往往适得其反，让孩子更加反感阅读。

宝贝，不要总是玩手机，可以看看书。

手机多有意思啊，书那么无聊，我才不想看呢！

情景 分析

孩子对阅读缺乏兴趣，往往是因为他们尚未找到适合自己的书籍类型，或者未能体验到阅读的乐趣。为了激发孩子的阅读兴趣，培养他们的求知欲，家长可以采取一些积极的方法引导孩子。

例如，与孩子一起阅读，分享阅读的乐趣；为孩子提供丰富的阅读材料；及时表扬孩子的阅读成果，增强他们的成就感和学习动力。通过这些方式，家长可以帮助孩子在阅读中找到乐趣，逐步养成良好的阅读习惯。

鼓励孩子阅读不仅是为了增长知识，更重要的是培养他们的求知欲和自我学习能力。家长应观察孩子在阅读中的表现，发现他们的进步和亮点，并及时给予表扬和鼓励。

阅读习惯的养成是一个需要家长和孩子共同努力的过程，当孩子对阅读产生浓厚兴趣时，他们会主动寻找书籍，探索未知，这种自发的学习力是任何外部压力都无法比拟的。

这样夸孩子

- 宝贝，你读书时那专注的眼神儿，就像天上的星星一样闪闪发光！
- 妈妈发现，你读得越多，懂得就越多，继续加油！
- 你选的这些书都是你感兴趣的，说明你很了解自己的喜好，真棒！
- 通过读书，你了解了那么多我都不知道的奥秘，你真了不起！
- 你读书的时候总是那么认真，妈妈相信你一定能从书中找到想要的答案！
- 你能感受到故事里人物的心情，你的理解能力和共情能力很强！
- 读完书，你还会主动去查资料，学习劲头真足，妈妈要给你点个大大的赞！
- 妈妈发现坚持阅读的你，词汇量越来越丰富了，表达能力也越来越强了，真棒！
- 你总能发现书中别人没有注意到的细节，观察力真敏锐！
- 宝贝，你有没有发现，阅读让你的思想越来越深刻了！
- 宝贝，妈妈发现阅读让你了解了不同国家的文化，让你成了一个博学多才的小朋友哦！
- 阅读让你的想象力越来越丰富，你写的作文也越来越精彩了！
- 宝贝，妈妈发现你对历史故事和人物传记很感兴趣哦，给妈妈讲讲其中的人物吧！
- 你不仅喜欢读书，还会自己写故事，真是个有才华的小作家！
- 宝贝，妈妈发现阅读让你变得越来越自信了！
- 你坚持每天阅读，这真的是个好习惯，相信你会受益终身！
- 阅读会让你拥有更广阔的视野，相信你的人生会更加精彩！
- 通过阅读，你懂得了这么多做人的道理，相信你将来会成为一个正直善良的人！
- 你刚刚看书的时候特别认真，虽然时间不长，但这种专注的态度很

第一章 夸出好习惯，学习进步看得见

值得表扬！
- 👍 你看，你读了书之后，说话都变得更有条理了，阅读的力量真神奇！
- 👍 今天你读了书，还能把里面的故事讲给妈妈听，你的表达能力越来越强啦！
- 👍 你会挑选自己喜欢的书来看，说明你对阅读已经有了自己的想法和喜好，真棒！
- 👍 宝贝，你能合理安排时间，抽出时间来阅读，这已经很棒啦！
- 👍 你对阅读的兴趣在慢慢增加，妈妈相信你以后会越来越喜欢读书的！
- 👍 宝贝，我发现你对科普类的图书很感兴趣哦，妈妈还会买你喜欢的科普书的！
- 👍 妈妈知道你内心还是热爱阅读的，只是需要一点时间去调整，妈妈相信你！
- 👍 宝贝，你已经发现了读书的妙处，妈妈真为你高兴。
- 👍 你能主动放下手机读书，这种自我管理的能力让妈妈很欣慰。
- 👍 你对书中的新知识总是充满好奇，这种求知欲会带你走得更远。
- 👍 宝贝，你喜欢的书从科普到文学，这说明你兴趣广泛哦。
- 👍 宝贝，你读书时的表情告诉我，你真的很享受读书的过程！
- 👍 你常常与朋友们分享阅读心得，这种习惯太值得提倡了！

积极动脑：
夸孩子勤于思考，富有创造力

情景 重现

有些孩子可能会对一些常见的事物提出各种各样奇怪的问题，比如"为什么月亮会跟着我们走"，还有些孩子会自己动手制作一些小玩意儿，展现出独特的创意和想法。然而，很多家长往往不能理解孩子这种行为背后的意义，而是简单地将其视为破坏行为或浪费时间，从而加以制止或批评。这种做法不仅会让孩子感到委屈和失落，还可能会压抑他们的好奇心和创造力，使他们逐渐失去对探索新事物的兴趣。

情景 分析

孩子的好奇心和探索欲是宝贵的财富，能促使他们积极思考并理解世界。例如，当孩子拆解玩具车时，他们其实是在探索事物的内部

第一章 夸出好习惯，学习进步看得见

结构和运作原理，是对知识的渴望。与其制止，不如换个角度，用夸奖和鼓励帮助孩子把拆玩具的破坏力变成探索世界的驱动力。

比如，当孩子提出奇怪的问题时，家长可以一起探讨，引导他们通过观察、实验、查阅资料等方式寻找答案。孩子展现出独特创意时，家长应给予肯定和支持，鼓励他们进一步完善和实践想法。

除此之外，家长还可以通过共同探索问题答案，提供丰富学习资源等方式，与孩子共同参与学习过程，进一步激发孩子的思考兴趣和创造力。这样的互动不仅能增进亲子关系，还能帮助孩子建立自主学习和解决问题的能力，为未来成长打下坚实基础。

这样夸孩子

- 宝贝，你对每件事都充满了好奇心，就像一个小科学家一样！
- 哇，你把玩具拆开又装好了，真是个动手小达人！
- 宝贝，你的想法总是那么新奇有趣，总能给我带来惊喜！
- 宝贝，你刚刚想到的办法太棒了！你思考的样子真帅！
- 宝贝，你遇到难题不害怕，还努力想办法，妈妈真为你感到骄傲！
- 你没有因为困难就放弃，而是坚持尝试不同的方法，这种精神真值得学习！
- 你能自己想办法解决问题，妈妈相信你一定能越来越独立！
- 宝贝，你有一个爱思考的小脑袋，总能想出一些与众不同的点子！
- 宝贝，你的想法很有创意！如果再完善一下，就更完美啦！
- 你真是个善于发现问题的孩子，这对你的学习和生活都很有帮助！
- 宝贝，你的分析很有道理，你的逻辑思维能力很强哦！
- 你能够独立思考，不人云亦云，这种精神非常可贵！
- 宝贝，只要你像现在一样坚持思考，所有的问题都不是问题！
- 你真是个富有创造力的孩子，妈妈相信你的未来充满了无限可能！
- 宝贝，你今天的动脑能力让我看到了不一样的你，相信你以后会越来越棒！
- 你真是个善于思考的好孩子，妈妈相信你一定能克服学习上的所有

困难！

👍 宝贝，你今天的想法真棒，让妈妈对这个问题有了新的认识！

👍 你是个充满好奇心的孩子，这将成为你不断进步的动力！

👍 你真是个爱思考的小朋友，总能发现别人注意不到的问题！

👍 你观察得好仔细啊，发现了这么多有趣的小细节！

👍 你的思维很活跃，总能想出各种各样的点子！

👍 你真了不起，能自己动脑动手把想法变成现实！

👍 你真是个爱动脑筋的孩子，相信你将来一定会有所成就！

👍 宝贝，你这种打破砂锅问到底的精神值得鼓励！

👍 你真是个充满好奇心的孩子，对世界充满了探索的热情！

👍 宝贝，你这种勇于尝试的精神太棒了，要继续保持哦！

👍 宝贝，你喜欢观察和思考，有成为科学家的潜质哦！

👍 宝贝，你的作品太有创意了，充满了想象力和童趣！

👍 你对世界充满了好奇，相信你会不断有新的发现！

👍 你真是个爱学习的好孩子，总是积极主动地去探索新知识！

👍 你很有想法，敢于表达自己的观点，这很难得！

👍 你真是个聪明、好奇、充满创造力的孩子，爸爸妈妈为你感到骄傲！

学习认真：
夸孩子学习态度端正，踏实认真

情景 重现

在孩子的学习过程中，不认真的学习态度是让家长颇为苦恼的问题。他们可能表现得粗心大意，比如在做题时经常看错数字、写错字，也可能对学习任务敷衍了事，为了完成任务而完成，不注重学习的质量和效果。有些家长可能会采取严厉批评的方式，还有些家长可能会过度唠叨，但没有给予孩子具体的指导

和帮助。这样不仅会让孩子感到厌烦，还可能让孩子失去自主学习的能力。

情景 分析

孩子的学习态度和习惯不是一朝一夕养成的，需要家长长期地引导和培养。当孩子表现出学习不认真时，家长首先要保持冷静，避免简单粗暴地批评，尝试理解孩子行为背后的原因。

很多时候，孩子学习不认真并非故意为之，而是可能源于学习方法不当、学习兴趣不高，或者缺乏自信心等因素造成的。面对这种情况，家长需要根据孩子的具体情况，帮助他们找到问题所在，并提供相应的支持和帮助。例如，帮助孩子制订合理的学习计划、创造良好

的学习环境、激发他们的学习兴趣等。

当孩子在学习中表现出认真、努力的态度时,家长要及时给予肯定和鼓励,哪怕只是一个小小的进步,也要毫不吝啬地表达赞赏。这种积极的反馈机制,能够帮助孩子建立学习的自信心和成就感,让他们感受到来自父母的认可和支持,从而更加主动且认真地学习。

相反,如果家长总是批评孩子的不足,或者将他们与其他孩子进行比较,则容易打击孩子的自信心,使他们产生挫败感,甚至对学习产生厌恶情绪。

培养孩子良好的学习态度和习惯需要家长和孩子共同努力,家长要多鼓励、多引导、多陪伴,帮助孩子找到学习的乐趣,激发孩子学习的内在动力,让孩子爱上学习,享受学习!

这样 夸孩子

- 妈妈知道你心里有一颗求知的种子,正在努力发芽长大呢!
- 你能静下心来认真学习,妈妈真为你高兴!
- 宝贝,你知道不懂就问,会学到更多的知识哦!
- 宝贝,你能独立思考,自主学习,这种能力非常重要!
- 宝贝,你学习的时候总是能很好地把知识点总结起来,这是个特别值得肯定的学习习惯。
- 你对学习的热爱和执着,让妈妈看到了你无限的潜力!
- 宝贝,你善于思考和提问,这是很多人都做不到的,特别棒!
- 你对新知识充满好奇,这种求知欲将让你在学习的道路上走得更远!
- 你学习时表现得非常自信,相信自己能够学好,这种心态很好!
- 你不仅关注学习结果,更注重学习过程,这种学习态度非常正确!
- 看到你对学习充满了热情和动力,妈妈由衷地感到高兴!
- 保持这种认真踏实的学习态度,一定能实现梦想!加油,宝贝!
- 你对学习越来越主动了,继续保持,你会发现学习其实没那么难。
- 今天你又学到了新知识,真棒!学习真是有太多乐趣了!
- 学习很辛苦,但你却不叫苦,还在不断进步,妈妈真为你骄傲!

第一章 夸出好习惯,学习进步看得见

- 探索知识的旅程充满了惊喜,妈妈会一直陪伴着你!
- 喜欢就勇敢去学吧,宝贝,妈妈永远支持你!
- 宝贝,你学习的时候真的好认真呀!妈妈看到,心里特别高兴!
- 你学习这么认真踏实,妈妈已经看到你的努力了!
- 哇,宝贝,你学习的时候超级专注!真棒,要继续保持哦!
- 你看,你这么努力学习,爸爸妈妈都看在眼里呢!继续加油!
- 宝贝,你学习这么踏实,爸爸妈妈要奖励你。
- 宝贝,你学习态度这么好,妈妈忍不住要夸夸你!
- 你认真学习的样子,就像一颗闪闪发光的小星星,真好看!
- 宝贝,你学习的时候好专心啊!
- 宝贝,你这么认真踏实地学习,想吃什么好吃的,妈妈马上去做!
- 你认真学习的样子,是其他小朋友学习的好榜样呢!
- 看到你不畏困难的学习态度,妈妈都佩服!
- 孩子,妈妈发现你具备踏踏实实、认认真真学习的宝贵品质,要坚持下去哦!
- 宝贝,通过认真学习,你已经打开了知识的大门,学到了更多知识,继续加油吧!
- 孩子,你认真学习、坚持不懈的品质,会让你越来越优秀的!
- 宝贝,认真学习是你最闪亮的优点,要继续保持哦!

每一次进步都值得庆祝：
夸孩子学习进步

孩子进步的表现形式多种多样：他们可能在某次考试中提高了几分，或者是之前一直犯错的题目，现在能够做对了；也有可能是在课堂上积极回答问题，得到了老师的表扬。有些家长可能会觉得孩子的进步微不足道，不值一提，或者只是简单地说一句"还可以""继续努力"。还有些家长在表扬孩子进步的同时，不忘提醒孩子还有哪些地方需要改进，虽然出发点是好的，但可能会让孩子觉得自己永远不够好，产生挫败感。

第一章　夸出好习惯，学习进步看得见

情景 分析

考试结束了，孩子的成绩比上次进步了，你是否发自内心地表达了对孩子的肯定？经过一段时间的努力后，孩子终于能够独立完成一道难题，兴冲冲地跑到你面前，想与你分享他的喜悦，而你只是淡淡地回一句："这道题本来就不难，你应该早点儿做出来。"

当孩子满心欢喜地向家长展示自己的进步，却只得到家长冷漠或敷衍的回应时，他们的内心会充满失落和沮丧，让他们感到自己的努力没有被看到和认可，从而失去继续努力的动力。

每一次进步都代表着孩子付出了努力、克服了困难。无论进步大小，都应该得到关注和鼓励，让他们感受到自己的价值和能力，从而增强自信心和学习动力。

这样 夸孩子

- 👍 宝贝，你这次考试的进步真是太让我惊喜了！每一分的提高都是你努力的证明。
- 👍 哇，你在这个学科上的进步好大呀！看得出来你花了很多心思。
- 👍 你之前一直不太擅长的这个知识点，居然掌握得这么好了，你真的太厉害了！
- 👍 这次作业你完成得比上次好太多了，你的进步让我刮目相看。
- 👍 宝贝，老师反馈说你课堂上的表现越来越出色了，回答问题也越来越积极，这都是你努力学习的成果。
- 👍 你进步这么快，一定是找到了适合自己的学习方法！
- 👍 看到你的努力有了回报，妈妈真为你感到高兴，你是最棒的！
- 👍 你这次的成绩不仅是进步的体现，更是学习态度坚定的体现，妈妈很欣慰。
- 👍 你在学习上的每一次进步，都像一颗小星星，汇聚起来就能照亮你的未来。
- 👍 宝贝，你的进步让我相信，只要你肯努力，没有什么是做不到的。

👍 这次考试，你克服了自己的弱点，取得了好成绩，你是我的骄傲！
👍 你的努力和进步，大家都看在眼里，继续加油，你会更优秀的！
👍 宝贝，你在学习上的坚持和努力终于换来了进步，这是你应得的。
👍 宝贝，你知道吗？不断进步的你，变得越来越耀眼！
👍 你在学习上的进步让我感受到了你的无限潜力，继续加油吧！
👍 宝贝，你的每一次进步都是对自己的一次超越，妈妈为你点赞！
👍 通过作业，我能看出你对知识的掌握越来越扎实了，进步非常明显。
👍 你在学习上的积极进取精神让你不断进步，这种精神值得表扬。
👍 宝贝，你现在的学习状态越来越好，进步也越来越大，继续保持这股劲头哦！
👍 你的每一次进步都很坚实，继续向前走吧！
👍 哇，你这次的进步让老师和同学们都对你刮目相看了，继续努力，让更多人看到你的优秀。
👍 宝贝，你在学习中更加自信和独立了，这是非常宝贵的收获。
👍 每一次看到你的进步，妈妈都无比开心，继续为梦想努力吧！
👍 你把学习当成乐趣，不断追求进步的态度会让你受益终身。
👍 宝贝，你的进步就像阳光，照亮了你的学习之路，也温暖了我。
👍 宝贝，你的进步是你通过努力获得的，要好好珍惜这份成果，继续努力呀！
👍 这次考试，你不仅认真审题，还做到了仔细检查，进步真大！
👍 看到你的进步，妈妈比吃了蜜还甜！
👍 你这次的错题比上次少了很多，说明你真的用心了！
👍 这次考试，你遇到难题没有放弃，而是坚持思考，并做出了正确的解答，为你点赞！
👍 宝贝，每一次进步都值得庆祝，你真是太棒了！
👍 今天的努力进步，决定了你明天的成就，继续加油！

找到了适合自己的学习方法：
夸孩子善于总结

在学习中，有些孩子善于独立思考，拥有适合自己的学习方法；有些孩子需要更多指导和鼓励。有些家长没意识到孩子们之间的这些差别，自顾自地认为是孩子的学习方法不够好，不管孩子实际情况，要孩子按照自己的学习方式来。如果孩子的成绩没达到预期，这些家长只会说孩子不够用功，不去深入了解问题到底出在了哪里。这样做不仅帮不了孩子，反而可能让孩子的挫败感更重，学习的动力和自信也会减弱。

情景 分析

每个孩子都是独立的个体，拥有不同的性格特点和学习方式。有些孩子擅长记忆，有些孩子善于逻辑推理……然而，很多时候，我们却习惯性地用统一的标准来要求孩子，期待他们用同一种方法学习，这不仅无法发挥孩子的优势，反而可能让他们对学习产生厌倦和抵触情绪。

与其批评孩子学习方法"不对"，不如尝试引导孩子进行总结和反思。家长可以和孩子一起回顾学习过程，帮助他们分析哪些方法有效，哪些方法需要改进。当孩子遇到困难时，倾听孩子的心声，了解他们在学习过程中遇到的困难和困惑。不要急于否定或批评，要耐心地引导他们表达自己的想法和感受。当孩子取得进步时，及时送上夸奖和鼓励，帮助孩子找到适合自己的学习方法，让他们在学习的道路上走得更稳、更远！

这样 夸孩子

- 宝贝，你最近进步真大！快来跟爸爸分享一下你的学习方法！
- 宝贝，你学会用思维导图整理知识点了呀，你可真棒！
- 宝贝，你把错题分类整理并分析原因后，学习效率都提高了呢！
- 宝贝，你能根据自己的状态调整学习任务，这太棒了！
- 恭喜宝贝，通过不断尝试和调整，终于找到了适合自己的学习方法！
- 你利用课余时间拓宽知识面的学习方法，会让你越来越优秀！
- 你现在已经学会了如何做笔记，这对你的学习会有很大的帮助哦！
- 宝贝，你能把课堂上学到的知识运用到日常生活中，太厉害了！
- 你能快速找到问题的关键所在，这种解决问题的能力非常厉害！
- 你总是乐于分享你的学习方法，帮助其他同学一起进步，你真是个很棒的孩子！
- 你善于发现问题，并积极寻找解决方法，这种探究精神非常可贵哦！
- 你能够克服各种困难，坚持不懈地学习，真令人敬佩！
- 你懂得如何利用网络资源来辅助学习，让学习渠道更加丰富，真不错！
- 宝贝，你能够和同学互相交流学习方法，共同进步，这种学习的精

第一章 夸出好习惯，学习进步看得见

神很值得表扬！
- 👍 你把课堂笔记整理得这么井井有条，爸爸妈妈一看就知道你花了不少心思呢！
- 👍 爸爸妈妈知道你一直在尝试，也相信你一定能找到最适合自己的学习方法！
- 👍 你善于总结和反思，这点非常难得，你一定会越来越优秀的！
- 👍 你在学习中遇到困难时，先分析再解决，这是很大的进步！
- 👍 宝贝，你懂得劳逸结合，这也是一种很重要的学习方法呢！
- 👍 看到你学会了利用碎片时间学习，妈妈真为你感到高兴！
- 👍 宝贝，你找到了适合自己的学习节奏，妈妈很为你开心！
- 👍 你能把学过的知识联系起来，形成自己的理解，这可不是一件容易的事呢！
- 👍 宝贝，你最近进步真大，继续探索适合自己的学习方法吧！
- 👍 你能将复杂的概念用自己的语言解释清楚，说明你的学习方法很有效！
- 👍 你能够举一反三，将学过的知识运用到新的问题中，真棒！
- 👍 你整理的知识点很有用，帮助你牢记了基础知识！这是个非常好的学习习惯！
- 👍 宝贝，你能够灵活运用知识，真的很棒！
- 👍 有目标有计划，相信你一定能够实现自己的梦想！
- 👍 能够根据不同的科目采用不同的学习方式，宝贝你真棒！
- 👍 你懂得合理安排学习时间，这就是一种非常好的学习方法！
- 👍 最近你在复习方面做得特别好，这肯定对你的学习有很大帮助！
- 👍 宝贝，你的学习计划清晰、有条理，侧重点分明，相信你未来会在学习的道路上走得更稳、更远！

勇于提问：
夸孩子课堂上的积极表现

情景 重现

有些孩子在课堂上没听懂，又不敢向老师请教。有些家长可能会一味地指责孩子胆小懦弱，批评他们为什么不敢提问。还有些家长会觉得这是孩子不努力或者不聪明的表现，对孩子进行严厉的批评教育。这样的处理方式不仅无法解决问题，反而会让孩子更加害怕提问，甚至对学习产生抵触情绪。

情景 分析

孩子在课堂上明明有不懂的地方，却不敢向老师提问，这是一个很常见的问题，许多孩子因为各种原因而缺乏提问的勇气。可能是害怕被老师批评或同学嘲笑；也可能是性格内向，不善于表达自己的想法和疑问；还有可能是对老师存在敬畏心理，不敢主动与老师交流。

提问对于孩子的学习至关重要。只有敢于提问，孩子才能真正理解知识，解决疑惑。而且，提问也能锻炼孩子的表达能力和勇气，让他们更加自信地面对学习和生活。

家长应该了解孩子不敢提问的原因，采取积极的方法引导孩子勇敢提问。比如，家长可以和孩子一起模拟课堂提问的场景，让孩子逐渐适应提问的氛围。也可以鼓励孩子先向同学提问，慢慢培养提问的勇气。

孩子一旦敢于提问，家长就应当及时给予夸奖，让孩子感受到自己的勇敢被看到和认可，增强他们的自信心和提问动力，同时让孩子明白提问是一种积极的学习方式，从而激发他们的内在勇气。

当孩子逐渐克服不敢提问的心理，并且在夸奖中不断提高自己的提问能力后，就能更好地学习知识，提升学习效率。

这样夸孩子

- 你今天在课堂上勇敢地提出了自己的问题，真是太棒了！
- 宝贝，你学会了不懂就问，现在成绩越来越好了。
- 宝贝，提问说明你认真思考了，这是非常好的学习态度。
- 宝贝，你在课堂上大胆提问的学习热情都感染到老师和同学们了！
- 宝贝，你敢于提问，是勇气和自信的表现，值得大家学习。
- 宝贝，你的勇敢提问，也帮助其他同学解决了困惑！
- 即使问题很简单，没听懂，也要勇敢地提出来，因为这种积极学习的态度值得表扬！
- 宝贝，妈妈支持你多提问，因为每一次提问都是一次学习的机会。
- 宝贝，善于提问说明你善于思考，这是非常宝贵的品质。
- 宝贝，听老师说，今天你的提问引起了大家的热烈讨论，让课堂气氛非常活跃！
- 听说你今天在课堂上勇敢地表达了自己的想法，妈妈很为你骄傲！
- 学习本就是不断探索、不断解决疑问的过程，有不懂的就问，老师也喜欢自己的学生多提问呢！
- 你今天在课堂上主动提问，老师还因为你的好学专门给我打电话了呢！
- 你能够在全班同学面前勇敢提问，这份自信和勇敢真的很了不起。
- 课堂上积极互动，才能学到更多知识，你做到了，宝贝！
- 宝贝，你今天勇敢地迈出了提问的第一步，这真的很棒！

- 👍 你敢于面对自己不懂的问题，这是非常勇敢的行为，妈妈为你骄傲！
- 👍 宝贝，有疑问就说出来，这种积极的态度会让你进步得更快！
- 👍 看到你努力克服不敢提问的心理，妈妈真的很欣慰！
- 👍 宝贝，你提出的问题很有价值，说明你认真思考了！
- 👍 你不怕被嘲笑，勇敢地说出自己的疑惑，这是非常勇敢的表现！
- 👍 你能主动向妈妈请教问题，妈妈相信你也能勇敢地向老师提问！
- 👍 宝贝，你能够大胆地表达自己的想法和疑问，这会让你在学习上更上一层楼！
- 👍 宝贝，勇敢提出你的疑问，老师会很乐意给你解答的。
- 👍 勇敢提问是一种非常好的学习习惯，你已经开始养成了，真厉害！
- 👍 你能勇敢地说出自己的想法，这很了不起！
- 👍 勇敢提问能让你在课堂上更加活跃，也能让你学到更多知识！
- 👍 你能够克服内心的恐惧，勇敢地提问，这是非常大的突破！
- 👍 你在课堂上积极提问会让你对知识的印象更加深刻哦！
- 👍 希望你以后在课堂上能继续保持这种勇敢提问的精神！
- 👍 听老师说，你在课堂上提问的次数越来越多了，这说明你越来越自信，越来越爱学习了！
- 👍 敢于提问是打开知识大门的钥匙，相信你一定会收获更多的知识宝藏！

第二章 夸出好行为，自律文明人人爱

告别赖床：
夸孩子生活自律，作息规律

情景 重现

"起床啦！太阳晒屁股啦！"相信每个家庭的早晨，都少不了父母的这声"起床号"。然而，父母催了一遍又一遍，孩子却无动于衷，迟迟不肯起床。即使勉强起床，也常常无精打采找不着状态。还可能因为赖床而导致上学迟到等。面对孩子赖床，有些家长可能会大发雷霆，强行将孩子从被窝里拉出来；有些家长则会一再妥协，甚至帮孩子穿衣洗漱，助长了孩子赖床的习惯。

情景 分析

孩子赖床不仅会打乱原本的生活节奏，还会影响一天的情绪和状态。孩子养成良好的作息习惯需要一个过程，如果家长过于急躁，不给孩子适应的时间，可能会适得其反。

孩子赖床的原因有很多，可能是前一天晚上睡得太晚，导致睡眠不足；也可能是孩子对新的一天缺乏期待，没有足够的动力起床。如果家长只是一味地催促或责骂，不仅无法解决问题，还可能让孩子产生抵触情绪，不利于亲子关系的发展。

想要帮助孩子改掉赖床的习惯，家长首先要找出孩子赖床的原因，并根据原因"对症下药"。家长可以采取一些积极的方法来引导孩子养成良好的作息习惯。比如，家长可以和孩子一起制定作息时间表，让孩子明确每天的起床时间和睡觉时间，养成早睡早起的习惯。同时，营造温馨的起床氛围，用轻柔的音乐或故事作为闹钟铃声，让孩子在愉悦的氛围中醒来。更重要的是，当孩子按时起床时，及时给予夸奖和鼓励，让孩子感受到自己的进步被认可，让孩子感受到早起的快乐和成就感，进而愿意每天早起，不赖床。

这样 夸孩子

- 宝贝，你能一叫就起，妈妈相信你一定能成为时间管理小能手！
- 你起床时的干脆利落，真像个小战士！
- 宝贝，你能按时起床，不用妈妈催，妈妈给你一个大大的赞！
- 不管天气多冷，你都能坚持按时起床，这种毅力真棒！
- 你今天起床特别迅速，说明你已经养成了良好的作息习惯，真棒！
- 看你精神饱满地起床，就知道你昨晚准时上床睡觉了！
- 你今天起床这么利落，给早饭留出了充裕的时间，证明你已经学会合理安排时间了，太棒了！
- 你今天起床时的动作很麻利，像个小战士一样，真厉害！
- 按照作息时间表起床，展现出了你很强的自我管理能力，太棒了！
- 你不仅按时起床，还积极为一天的生活做准备，真是个热爱生活的好孩子！
- 宝贝，你能自己按时起床，真是个有自制力的好孩子！
- 每天能按时起床，说明你对自己的健康很负责，真让人骄傲！
- 一早就这么有活力，今天的你一定能够做很多事情，太棒了！
- 你是如何做到每天都按时起床的呢？可以和妈妈分享一下你的小秘诀吗？

第二章 夸出好行为，自律文明人人爱

- 宝贝，你每天都能准时起床，相信你做任何事都能坚持到底！
- 自己设定闹钟，准时起床，你真是个小大人啊！你真是越来越棒了！
- 能克服赖床的诱惑，你真的很了不起！相信你一定能战胜其他困难！
- 每天起床后都能自己整理床铺，你真是个爱干净的好孩子！
- 你早上起来第一件事就是开窗通风，真的很懂得生活的小细节，真棒！
- 你每天都能保持这么好的起床习惯，爸爸妈妈为拥有你这样的孩子感到骄傲！
- 宝贝，你的生活这么有规律，将来无论做什么都会有条不紊的！
- 早起让你有更多时间去思考和计划，让每一天都过得充实而有意义！
- 你能坚持早睡早起，说明你是一个说到做到、言出必行的好孩子！
- 你每天都能按时起床，从不拖拉，真是个做事有效率的小朋友！
- 你能克服赖床的惰性，说明你是一个有毅力、有恒心的孩子！
- 宝贝，你每天晚上到了固定时间就自觉地放下手中的玩具，洗漱完后准时上床睡觉，这种自律的生活习惯真的太棒了！
- 早起的鸟儿有虫吃，你今天早起完成了这么多事情，真了不起！
- 你能战胜赖床的诱惑，说明你是一个意志力很强的小朋友！
- 早起让你有更多时间享受美味的早餐，开启元气满满的一天！
- 你今天早起后还帮助家人做家务，真是个懂事的好孩子！
- 看你早起后神采奕奕的样子，妈妈也感到很开心！
- 宝贝，早起能让你有更多时间去探索和发现世界的美好！

收纳小达人：
夸孩子爱干净，整洁有序

情景 重现

你是否经常被孩子的乱扔乱放搞得头疼不已？他们可能会把玩具随意丢弃在客厅、卧室的各个角落，书籍也是东一本西一本，衣服随手一扔，从不考虑把它们放在合适的地方，找不到的时候又着急。他们对自己制造的混乱视而不见，即使提醒了也不愿意去整理。面对这样的场景，很多家长都会忍不住发火，甚至批评孩子懒惰、邋遢。

情景 分析

房间凌乱不堪，玩具、衣服随处可见……其实是特定年龄段的普遍现象。他们可能缺乏物品分类和整理的意识，也可能因为专注于玩耍而忽略了周围的环境。此外，一些孩子可能还没有形成良好的自我约束能力，导致东西总是随意摆放。

　　面对孩子的乱扔乱放，大声责骂、强行要求孩子马上整理，或者自己一边抱怨一边收拾……这些方式往往效果不佳。大声责骂、强行要求可能会让孩子感到压力，而帮孩子收拾则无法培养孩子的自理能力和责任感。家长们应该用耐心和引导帮助孩子逐步建立起良好的整理习惯。而夸奖，就是一种简单有效的方式。

　　每个孩子都渴望得到父母的认可和赞赏。当孩子做出积极的改变，比如将玩具放回原位，或者整理好自己的书桌时，家长们要及时给予具体的夸奖，让孩子感受到自己的努力被看到，从而增强他们保持整洁的动力。

　　夸奖不仅要及时，还要具体，这样的夸奖能让孩子明白自己哪里做得好，从而更有针对性地强化好的行为。当孩子逐渐体会到整理带来的好处，比如更容易找到想要的东西，拥有一个干净舒适的环境时，他们就会更加乐于保持整洁。请记住，培养孩子的良好习惯需要一个过程，家长们多一点儿耐心和鼓励，相信每个孩子都能蜕变成爱干净、懂整理的小天使！

这样夸孩子

- 哇！宝贝，你把玩具收拾得这么整齐，房间看起来都变得更大了呢！
- 宝贝真棒，衣服叠得整整齐齐，像商店里的展示品一样！
- 你能主动把用过的东西放回原位，真是个爱整洁的好孩子。
- 宝贝，你把自己的小角落收拾得这么干净整洁，看着真舒服！
- 你的房间干净整洁，就像一个充满阳光的小花园！
- 你能主动承担家务，帮助妈妈整理房间，真是个懂事的好孩子。
- 你能把玩具分类收纳，下次玩的时候肯定就能很快找到啦！
- 宝贝，你把自己的小床整理得这么整齐，晚上一定能睡得更香甜！
- 你能把脏衣服放到洗衣篮里，真是个爱干净的好孩子！
- 你把餐桌收拾得这么干净，我们全家吃饭都更有食欲啦！
- 你收拾房间的样子真认真，一看就知道是在用心做事情。

- 你能把自己的零花钱分类保管，真是个会管理自己财务的小管家！
- 你书架上的书籍摆放得整整齐齐，一看就知道你是个爱整理的孩子。
- 你能定期整理自己的玩具箱，又把不需要的玩具捐赠给其他小朋友，真是个善良有爱心的孩子！
- 你能保持个人卫生，勤洗手、勤洗澡，真是个讲卫生的好孩子。
- 宝贝，房间被你收拾得这么干净整洁，你真是太棒了！
- 保持干净整洁的好习惯，对你的学习和生活都有很大的帮助！
- 你把房间整理得这么井井有条，妈妈真为你感到骄傲！
- 你把每个小物件都放回了正确的位置，下次找东西就不麻烦了，真是太棒了！
- 你把桌面清理得这么干净，做起作业来肯定心情都变好了。
- 宝贝，你真是妈妈的小帮手，把房间收拾得这么整洁，妈妈省心多了！
- 爱干净的好习惯给你带来了好心情！
- 保持房间整洁会很有成就感，相信你坚持下去，会越来越棒！
- 妈妈相信你以后都会保持房间的干净整洁，因为你是一个自律、优秀的孩子！
- 妈妈觉得你真的长大了，懂得照顾自己和自己的空间了。
- 房间干净整洁，心情也会变得更愉悦，学习起来也更有劲头了！
- 宝贝，妈妈看你收拾得房间就知道你是个做事有计划、有条理的好孩子！
- 妈妈以前总是提醒你要收拾房间，现在你自己就能做得很好了，真棒！
- 你真是个爱干净、爱整洁的好孩子，相信你的好习惯也会影响到身边的人！
- 保持房间整洁需要耐心和毅力，你做到了，真为你感到骄傲！
- 看着你干净整洁的房间，妈妈感觉家里都变得更温馨了呢！
- 你真是个细心的孩子，把每个角落都打扫得干干净净，太棒了！

不吃零食：
夸孩子饮食健康身体棒

**情景 重现**

孩子们很爱吃零食，比如糖果、薯片、饮料等。有时候孩子在饭前吃太多零食，结果到了正餐就没胃口了。吃饭时，他们可能挑三拣四，只吃自己爱吃的，不愿意尝试新东西。如果家长太严格地禁止他们吃零食，或者硬抢他们的零食，孩子们可能会不高兴，甚至会偷偷摸摸地吃。但是，如果家长总是顺着他们，无条件地给他们零食，又对他们的健康不好。

**情景 分析**

孩子们正处于生长发育的关键时期，对能量的需求较高，而零食恰好能够快速地为他们提供能量。此外，零食鲜艳的颜色、可爱的形状以及独特的口感也容易激发孩子们的食欲。因此，一味地禁止孩子吃零食，不仅可能引发他们的抵触情绪，还可能让他们在其他时候通过暴饮暴食来弥补"损失"。

明智的做法是，家长积极地引导孩子，帮助他们建立健康的饮食习惯。可以从以下几个方面入手：首先，仔细观察孩子的饮食喜好，尝试寻找健康的替代品。比如，将薯片换成水果干、将糖果换成酸奶，在满足孩子味蕾的同时，也能保证营养的摄入。其次，和孩子一起制订一个合理的零食计划，例如，每周允许孩子吃几次零食，每次吃多少，并尽量选择在两次正餐之间食用。

零食并非洪水猛兽，合理的零食摄入是孩子成长过程中的一部分。家长们要做的，是帮助孩子建立健康的饮食观念，让他们在享受美味的同时，也能健康快乐地成长。

值得注意的是，在引导孩子的过程中，夸奖和鼓励永远比批评和指责更有效。当孩子选择健康零食或能够控制零食摄入量时，家长们要及时给予他们肯定和表扬，让他们感受到自己的进步，从而更加积极地配合家长的引导。

这样 夸孩子

- 宝贝，你今天吃饭真棒，一口接一口，把碗里的饭菜都吃光了！
- 你看，今天没有吃零食，饭量都见长了。
- 你能够抵挡住零食的诱惑，坚持健康饮食，真是个自律的小超人。
- 你碗里的蔬菜小山被你一点点消灭了，真是个蔬菜小勇士！
- 你今天吃饭的时候很专注，都没有看电视，真是个好习惯。
- 妈妈发现你最近吃饭越来越香了，看来你很喜欢妈妈做的饭菜！
- 你今天吃饭的速度刚刚好，既没有吃太快，也没有拖拉，很棒！
- 你吃饭的时候坐姿很端正，真是个对自我有要求的好孩子。
- 你能抵制住零食的诱惑，和家人一起吃饭，还吃得那么好，妈妈好开心！
- 你今天在学校吃饭吃得很好，老师夸你是个好孩子，妈妈听了真高兴！
- 看你爱吃鱼肉，妈妈很开心，鱼肉里的DHA就像是你的加油站，让你每天都充满智慧的光芒！
- 你和妈妈选的这些蔬菜都非常新鲜哦，一会儿我们也要多吃哦！
- 今天喝了足量的水，这样才能保持身体健康。

第二章　夸出好行为，自律文明人人爱

- 👍 吃饭的时候细嚼慢咽，这样有利于消化吸收，很棒！
- 👍 你今天外出游玩的时候，没有吵着要吃零食，真是个懂事的好孩子！
- 👍 你在公园玩的时候，没要吃路边摊的食物，自控力变强了！
- 👍 你今天放学回家后没有吃零食，妈妈很欣慰！
- 👍 很高兴看到你愿意尝试不同的食物，这对你的健康会很有帮助！
- 👍 你真是个自律的小宝贝，知道零食不能多吃，为你点赞！
- 👍 你今天吃了不少绿叶蔬菜，这对你的健康是很有好处的！
- 👍 你最近都乖乖吃饭，都长高了不少呢！真是妈妈的乖宝贝！
- 👍 你不挑食的样子真的很美，妈妈感到无比的幸福和安心。
- 👍 你坚持吃健康食物，以后一定会成为一个健康又快乐的宝贝。
- 👍 宝贝，你今天在餐桌上的表现让妈妈看到了你的成长和进步。
- 👍 你今天把水果吃得干干净净，水果里的维生素会让你活力满满。
- 👍 你现在对健康饮食越来越了解了，妈妈为你的成长感到骄傲。
- 👍 你坚持健康饮食，脸色都变得红润有光泽了。
- 👍 哇！你今天在餐桌上不仅把胡萝卜、西兰花等蔬菜吃得干干净净，还喝了一大碗汤，饮食如此健康，身体肯定会越来越棒。
- 👍 你今天主动提醒家人要多吃蔬菜，你真是个有爱的好孩子。
- 👍 你今天吃饭的时候没有把食物掉得满地都是，保持了餐桌的整洁，非常棒。
- 👍 宝贝，你今天吃饭的样子特别可爱，认真吃饭的你是最棒的。
- 👍 你今天在超市里没有缠着妈妈买零食，你的自制力越来越强了。

文明守纪的好榜样：
夸孩子遵守规则

孩子在公共场合可能存在随手乱扔垃圾、不守秩序、插队抢先等不当行为；在与他人交往中，可能会忘记使用礼貌用语，如不说"请""谢谢""对不起"等。如果家长在陌生人面前严厉指责孩子的不文明行为，他们可能会觉得自己在众人面前丢了面子，自尊心受到严重打击。这种情况下，孩子不仅不愿意改正不文明行为，还可能对家长的教育产生反感，甚至在以后的行为中更加叛逆，故意做出不文明的举动来对抗家长的批评。

情景 分析

面对孩子在公共场合的不当行为，公开批评并不是最佳选择，因为孩子的自尊心非常脆弱，需要温柔对待。相反，一句鼓励的话语，

第二章 夸出好行为，自律文明人人爱

一个赞许的眼神，往往能起到意想不到的效果。

父母是孩子的镜子，一言一行都会对孩子产生潜移默化的影响。因此，家长要以身作则，用自身的文明行为为孩子树立榜样。试想，如果家长自己在公共场合大声喧哗、随意插队，又如何能要求孩子做到文明守纪呢？

在进入公共场合之前，家长可以和孩子提前约定好行为规范，例如要轻声说话、不乱扔垃圾、排队要有序等，让孩子明确什么可以做，什么不可以做。当孩子出现不当行为时，家长要避免当众训斥，可以采取眼神示意、轻声提醒等方式及时纠正。

事后，家长要耐心地与孩子沟通，帮助他们理解自己的错误，并引导他们下次做得更好。家长还可以利用绘本、动画片等形式，将文明礼仪融入孩子的日常生活中，让他们在轻松愉快的氛围中学习和理解。

当然，当孩子能够及时改正错误，家长就要及时给予夸奖和鼓励，将孩子培养成文明守纪的小天使。

这样夸孩子

- 👍 你今天在图书馆里说话声音小小的，真是个文明的小读者！
- 👍 宝贝，你主动给老奶奶让座，真是个尊老爱幼的好孩子！
- 👍 排队的时候你很有耐心，相信你做任何事情都会有耐心！
- 👍 看到你过马路能遵守交通规则，爸爸妈妈就放心了！
- 👍 你今天在公园里没有乱扔垃圾，保护了环境，真棒！
- 👍 你帮助小朋友捡起了掉在地上的玩具，真是个乐于助人的好孩子！
- 👍 你在餐厅吃饭时没有大声喧哗，真是个有礼貌的好孩子！
- 👍 你遵守游戏规则，不耍赖皮，真是个遵守规则的好孩子！
- 👍 你能记得在公共场合保持安静，真是个体贴周到的小天使！
- 👍 你说话声音总是轻声细语，像温暖的春风，让人觉得很舒服。
- 👍 你能够控制自己的情绪，不乱发脾气，真是个懂事的好孩子！
- 👍 看到你主动把自己的玩具分享给小伙伴，妈妈为你的大方感到骄傲。
- 👍 你能安静地观看电影，不打扰别人，真是个有素质的小观众。

1600句 夸出孩子内驱力

- 宝贝,你能主动向长辈打招呼,真是个懂礼貌的好孩子。
- 宝贝,你能爱护公共设施,就像爱护自己的东西一样,真不错。
- 看到你认真遵守家庭规则,妈妈觉得你越来越懂事了。
- 在参观博物馆时,你能安静欣赏展品,不触摸不乱动,很有素养。
- 宝贝,你能遵守时间约定,从不迟到,这种守时的习惯非常好。
- 你在和小伙伴玩耍时,不欺负弱小,真是个有正义感的孩子。
- 看到你爱护花草树木,就像守护大自然的小卫士。
- 你在商场里不随意跑动,很有安全意识,妈妈很放心。
- 你在公共汽车上主动给有需要的人让座,真是个热心肠的孩子!
- 你看到地上有纸屑,主动捡起来扔到垃圾桶里,真是个爱护环境的好孩子!
- 你知道结账时需要排队,真是懂秩序的好孩子!
- 你和小朋友一起滑滑梯时,懂得排队,真是懂秩序的好孩子!
- 你今天去奶奶家不乱跑乱闯,真是个有教养的好孩子!
- 你在图书馆里看书的时候,轻拿轻放,爱护书籍,真棒!
- 你使用公共设施的时候,懂得爱护,真是个有公德心的好孩子!
- 你答应别人的事情都会努力做到,真是个守信用的好孩子!
- 你犯了错误能勇于承担责任,真是个敢作敢当的好孩子!
- 你今天在动物园里没有随意投喂动物,做得很好!
- 你在小区里玩耍,没有随意扔垃圾,真是爱护环境的好孩子!

有自己的想法：
夸孩子有主见

情景 重现

孩子缺乏主见的表现是多种多样的，可能表现为：在面对选择时犹豫不决，难以做出决定；在集体活动中，总是跟随他人的脚步，即使有不同的想法也不敢表达；习惯性地依赖他人解决问题，而不愿意自己尝试……面对这样的情况，很多家长往往会出于"好心"，立刻介入并帮孩子做出选择。然而，这种做法看似是爱和帮助，实际上，这可能会让孩子觉得自己什么都干不好。管得太严，干预太多，会让孩子觉得被绑住了手脚，失去了探索世界的空间。

轩轩，你今天下午是怎么安排的呢？

我……我不知道，朋友约我一起去公园玩，可是我还有很多作业没写完。

情景 分析

很多家长都希望孩子能够独立自主，但现实生活中，孩子遇事常会犹豫不决、缺乏主见，总是习惯依赖他人做决定，这让家长们感到十分头疼。

其实，每个孩子都有一个成长的过程，在这个过程中，他们需要时间和空间去探索自己的兴趣和价值观。如果我们不给孩子这个探索的机会，而是强迫他们按照成人的意愿做事，即使孩子们表面上听从了，心里可能还是不开心，这样长期下去，对他们的性格发展和个人能力的提升都不好。

首先，在日常生活中，我们要尝试让孩子参与到家庭决策的过程中来。比如，晚餐吃什么？周末去哪里玩？都可以让孩子参与选择，并表达自己的想法。从小事开始，培养孩子自主选择的意识。

其次，我们要引导孩子学会分析问题。当孩子面临选择时，我们可以引导他们分析每个选择的利弊，鼓励他们尝试不同的选择，并引导他们从每次选择中总结经验，学会从失败中汲取教训，增强以后在做选择时的信心。

最重要的是，当孩子做出决定时，无论结果如何，家长都应以积极的态度给予反馈，表达对孩子的信任和支持，让孩子感受到自主决策的价值和乐趣。

这样夸孩子

- 宝贝，你敢于说出自己的想法，妈妈觉得你超级勇敢！
- 你能拒绝别人不合理的要求，坚持自己的原则，我的宝贝真有主见！
- 不管别人怎么说，你都能坚持自己的选择，这份坚定真的让我很佩服！
- 你提出的观点很有创意，宝贝！
- 看到你自信地表达自己的想法，妈妈能感受到你的成长和进步，真为你骄傲！
- 即使面对不同的意见，你也能勇敢地为自己的想法辩护，宝贝，你真棒！
- 现在你可以为自己的勇敢决定感到自豪了，你真的长大了！
- 你今天在选择活动的时候考虑得很周全，就像个小大人一样，真棒！
- 宝贝，你展现出了很强的领导能力，妈妈真为你高兴！
- 即使面对压力，你也能够勇敢地做出决定，这份勇气真难得！
- 自己做决定是不是很有成就感呀？宝贝，你真厉害！
- 你表现得非常果断，相信自己的判断，这种心态很棒！

第二章　夸出好行为，自律文明人人爱

- 你不仅考虑了自己的喜好，还考虑了别人的感受，我的宝贝真体贴！
- 遇到困难的选择时，你没有逃避，并且最终你处理得很好！
- 你自己选的这件衣服真好看！宝贝，你太有眼光了！
- 宝贝，你能自己决定要吃什么了，真是长大了！妈妈好欣慰！
- 你能够自己想办法解决问题，真是太棒了！宝贝，你越来越独立了！
- 你有自己的想法，并且能勇敢地说出来，妈妈为你感到骄傲！
- 你能倾听别人的意见，也能坚持自己的想法，这是非常宝贵的品质！
- 你今天做得很好，已经学会独立思考了，相信你会越来越棒！
- 每个人都有自己的想法，你的想法也很重要，要勇敢地说出来，宝贝！
- 不要害怕犯错，犯错也是学习的经验，妈妈相信你能从中成长！
- 你能够独立思考，做出自己的判断，这是非常了不起的能力！
- 你能够不被别人的想法左右，坚持自己的立场，这是一种难能可贵的品质！
- 你能够自己选择自己喜欢的东西，这说明你很有主见，宝贝，妈妈支持你！
- 即使与别人的想法不同，你也敢于表达，这是自信的表现，妈妈真为你高兴！
- 你能够自己做决定，并且承担后果，这说明你正在逐渐走向成熟。
- 你能专注于自己的目标，这是一种非常强的自我管理能力，继续加油，宝贝！
- 你能够独立思考，这会让你在学习和生活中更有创造力和竞争力！
- 你能够在面对挑战时保持冷静，这很厉害，宝贝，你真的很棒！
- 你能够倾听自己内心的声音，这是一种非常成熟的表现，妈妈相信你的判断！
- 相信自己的判断，这会让你在人生路上走得更加坚定和自信，宝贝，加油！

积极举手发言：
夸孩子勇气可嘉

情景 重现

课堂上，很多孩子即使心中有想法，也不敢主动举手发言。他们害怕自己说错、害怕被嘲笑、害怕成为众人瞩目的焦点。这种恐惧心理导致孩子错失很多展示自我的机会，甚至影响到他们未来的学习和生活。很多家长和老师意识到这个问题后，会鼓励孩子"勇敢一点儿"，甚至用"别人家的孩子"来激发孩子的表达欲。然而，批评和比较不仅无法解决问题，还可能进一步打击孩子的积极性，让他们更加不敢表达自己的想法。

情景 分析

课堂是孩子们学习和成长的沃土，而积极举手发言，不仅能锻炼他们的表达能力和逻辑思维能力，更能培养他们的自信心和勇气。

那么，该如何鼓励孩子勇敢举手，成为课堂上最闪亮的星呢？首先，我们要让孩子明白，课堂是学习的地方，每个人都可能犯错，说错话并不可怕，重要的是敢于表达自己的想法。

其次，我们可以引导孩子在发言前做好充分的准备：认真思考问题，理清思路，这样在发言时才能更加自信从容。家长和老师也可以

第二章 夸出好行为，自律文明人人爱

帮助孩子提前预习，让他们对课堂内容有所准备，并鼓励他们从简单的发言开始，逐步建立自信。

最重要的是，我们要积极营造一个鼓励孩子大胆发言的氛围。当孩子勇敢地举手时，无论答案是否正确，我们都应该给予肯定和鼓励，让他们感受到被尊重和被认可。课堂上轻松的氛围，能让孩子们敢于说出自己的想法。即使是错误的答案，老师和家长也要给予肯定和鼓励，帮助他们找到正确的思路。

每个孩子都是独一无二的，让我们用爱和鼓励，帮助他们在课堂上勇敢表达，自信绽放，成为最闪亮的星星！

这样夸孩子

- 宝贝，你今天在课堂上勇敢地举手发言了，真棒！妈妈为你感到骄傲！
- 宝贝，妈妈知道你又进步了！继续加油，宝贝！你真的很努力！
- 虽然你这次抢答的不完全正确，但是你勇敢尝试的态度非常值得鼓励！
- 你看，勇敢地说出自己的想法，是不是很棒？继续加油哦！妈妈为你鼓掌！
- 不管别人怎么说，你都要勇于表达自己，妈妈永远支持你！
- 通过今天的发言，妈妈相信你一定能更自信勇敢！你真的很棒！
- 即使面对那么多同学，你也敢站起来表达自己的观点，这种勇气难能可贵！
- 宝贝，积极举手发言可以锻炼你的表达能力，还能学到更多知识！
- 你今天在课堂上的表现真自信！妈妈相信你未来一定能够取得更大的进步！
- 你演讲时声音洪亮，表达清晰，一看就知道你做了充分的准备，真棒！
- 你敢于起身发言挑战自己，能勇于突破自我，这种精神非常值得学习！妈妈为你感到自豪！

- 你今天在课堂上表现得落落大方，一点也不怯场，你真是个勇敢的孩子！
- 这种积极发言的学习态度太棒了！继续保持，你会学到更多知识！
- 宝贝，通过你今天的表现，相信你未来一定能够在更大的舞台上展现自我！妈妈为你加油！
- 今天你能勇敢举手，大声说出你的想法，真的好酷！
- 你能够克服内心的恐惧，勇敢地站起来发言，这种精神非常值得爸爸妈妈学习！
- 你的每一次发言都是一次成长，相信你会越来越棒！
- 勇敢地举手发言是自信的开始，也是成功的开始！加油，宝贝！
- 你能够抓住机会展示自己，妈妈相信未来你一定会更加优秀！
- 你的每一次进步，妈妈都看在眼里，妈妈为你感到骄傲！
- 勇敢地迈出第一步，你会发现一个更加精彩的自己！妈妈相信你！
- 努力就有收获，真为你高兴！继续努力，宝贝！
- 你的努力和付出，大家都看在眼里，继续加油，你是最棒的！
- 保持这种积极的态度，你会越来越棒！
- 坚持下去，你会发现自己有多优秀！妈妈永远支持你！
- 你今天的表现太棒了，为你点赞！你是最棒的！
- 看到你一点点地克服胆怯，妈妈真为你感到自豪！你真是妈妈的骄傲！
- 你积极发言的样子真迷人，就像一颗闪闪发光的星星！
- 宝贝，你真勇敢，敢于说出自己的想法，妈妈为你感到骄傲！
- 你的每一次尝试都是一种成功，妈妈相信你会越来越勇敢！
- 你就像一朵向日葵，永远充满阳光和自信，真棒！
- 加油，宝贝！一直像今天一样勇敢，你一定能成为你想成为的人！

公共场合不大声喧哗：
夸孩子遵守公共秩序

情景 重现

活泼好动是孩子的天性，带孩子外出时，他们可能会在公共场合毫无顾忌地大声喊叫，表达自己的兴奋或不满。比如，在博物馆里看到新奇的展品就大声惊呼，在电影院里和小伙伴讨论剧情，在超市里哭闹着要某样东西……这时候家长如果严厉批评、大声喝止、强行拉走等，都可能让孩子感到委屈和不被理解。但是置之不理也不可取，这会让孩子认为自己的行为是被允许的，不利于孩子良好行为习惯的养成。

情景 分析

孩子们天生充满活力，在公共场合兴奋起来，难免会大声说话、奔跑嬉戏，这是他们表达情感和想法的方式。但他们可能并不清楚，这样的行为不仅会打扰到他人，还容易引发安全问题。如果家长只是简单地制止，而不给予正确的引导，孩子很难真正理解为什么要保持安静，还可能会继续大声喧哗。

  那么，家长应该如何做呢？首先，以身作则非常重要。在公共场合，家长要约束自身言行，不大声喧哗，不随意打扰他人，为孩子树立良好的榜样。其次，家长要耐心地跟孩子解释，为什么要在公共场合保持安静。可以用孩子能够理解的语言，告诉他们这样做是为了不打扰到其他人，是为了维护公共秩序。最后，别忘了在孩子表现得体时，及时给予夸奖和鼓励。当孩子因为保持安静而得到认可时，他们会更有动力去遵守规则，做一个有礼貌、有公德的人。

这样夸孩子

- 宝贝，你知道在图书馆说话要轻柔，妈妈很为你骄傲！
- 你在公共场合都记得保持安静，真懂礼貌，妈妈喜欢！
- 你真是妈妈的贴心小棉袄，这么为我着想，妈妈爱你！
- 你做得真棒，没有打扰到叔叔阿姨，他们一定都很开心！
- 宝贝，你在餐厅吃饭真乖，安安静静的，真是个有教养的好孩子！
- 你能控制住自己的"小喇叭"了，真棒！
- 宝贝，你在商场表现得很有礼貌，妈妈为你感到骄傲！
- 宝贝，你能和其他小朋友友好相处，一起安静地玩耍，真棒！
- 我的宝贝真细心，都能注意到周围人的感受了！
- 你在图书馆里表现得真棒，安静地看书，真像个小学者！
- 你在公交车上不吵不闹，真是个文明的小乘客。
- 宝贝，你能理解"安静"的标志，真是个聪明的孩子！
- 你真是个好孩子，知道要遵守公共秩序！
- 我的宝贝真棒，无论走到哪里都很有礼貌！
- 宝贝，刚才在电影院里没有大声喧哗，做得真棒，相信你以后也会继续保持！

第二章 夸出好行为,自律文明人人爱

- 👍 你真是个懂事的孩子,知道在不同的地方要保持不同的音量。
- 👍 你今天表现得像个小绅士(小淑女),真招人喜欢!
- 👍 宝贝,你真善良,知道要照顾别人的感受。
- 👍 你真是越来越棒了,都能控制好自己的行为了!
- 👍 你能做到轻声细语地说话,太棒了!
- 👍 你真是妈妈的小天使,走到哪里都传播着美好!
- 👍 宝贝,你现在变得好温柔体贴,知道要为别人着想了。
- 👍 你真是个有礼貌的好孩子,会越来越棒的!
- 👍 你真是个让妈妈省心的好孩子,妈妈为你感到自豪!
- 👍 你真是个有素质的好孩子,妈妈相信你以后一定会为社会作出贡献的!
- 👍 你真是个优秀的孩子,相信你的未来一定会很美好!
- 👍 你安静看书的样子感染了旁边的小朋友,他们现在也在认真看书了呢!
- 👍 你懂得尊重他人,真是个有教养的好孩子!
- 👍 你知道在公共场合要保持安静,真是个替别人着想的好孩子。
- 👍 看到你这么有礼貌,妈妈相信你将来无论走到哪里都会被大家喜欢!
- 👍 你的行为举止体现了我们良好的家教,爸爸妈妈为你感到骄傲!
- 👍 你真是个小太阳,无论走到哪里都能把温暖和快乐带给大家!

主动和别人打招呼：
夸孩子落落大方

情景 重现

看着孩子在社交场合中羞涩退缩，家长难免担忧焦急。孩子可能表现为紧张不安，不敢与人对视，声音细小甚至不愿开口，即使被鼓励也显得局促不安，缺乏自信。尤其在人多或陌

生的环境中，这种羞涩表现更为明显。许多家长用尽方法，强迫孩子打招呼、责怪孩子没礼貌……却不知这些方式非但不能帮助孩子克服羞涩，反而可能加剧其心理负担，让孩子更加抗拒社交。家长的焦虑情绪也会在无形中传递给孩子，形成恶性循环。

情景 分析

其实，孩子不爱打招呼，并不是没礼貌。他们可能是因为害羞、慢热，也可能是因为缺乏自信、害怕说错话等原因。面对这样的情况，家长们与其责怪孩子，不如换个角度，用夸奖和鼓励的方式，引导孩子主动问好，养成落落大方的社交习惯。

想要帮助孩子养成主动打招呼的好习惯，家长首先要保持耐心和理解，避免焦虑情绪的传染。每个孩子都有自己的成长节奏，家长要

第二章 夸出好行为，自律文明人人爱

尊重孩子的个体差异，切忌将孩子与他人进行比较，更不要给孩子贴上"内向""胆小"等负面标签。

其次，家长可以尝试用游戏和角色扮演的方式，帮助孩子提前熟悉社交场景，学习基本的社交礼仪，例如如何进行自我介绍、如何礼貌地表达需求等。家长还可以以身作则，成为孩子的榜样，主动与他人打招呼，展现礼貌和热情。

在日常生活中，家长要多观察和发现孩子的闪光点，及时给予真诚的夸奖和鼓励。每当孩子有所进步，哪怕是微小的进步，都要及时给予肯定和表扬，增强孩子的自信心。

相信在家长耐心的陪伴和引导下，每个孩子都能克服社交羞涩，成为自信、落落大方的社交小达人！

这样 夸孩子

- 宝贝，邻居阿姨刚刚在夸你有礼貌呢，妈妈听了心里甜滋滋的。
- 我的宝贝在台上和大家打招呼的表现真棒！自信又勇敢，妈妈为你骄傲！
- 你今天真有礼貌，妈妈相信你很快就能交到很多好朋友！
- 你今天主动和妈妈的同事打招呼，他们都说你是个有礼貌的好孩子，妈妈很开心！
- 你真是一个懂礼貌、尊重老师的好孩子，妈妈为你感到自豪！
- 宝贝，你是怎么认识这位小朋友的呢，能和妈妈说说吗？
- 你主动问候别人，别人就会觉得你很友好，你看，交朋友是不是很简单？
- 你今天和快递叔叔说谢谢，叔叔夸你有礼貌，妈妈听了真高兴！
- 跟小朋友们玩的时候，主动跟他们打招呼，这样更容易跟他们打成一片。
- 你今天真棒！不仅和老师打招呼，还帮忙拿东西，真是一个乐于助人的好孩子！
- 看到你鼓起勇气打招呼，妈妈感到骄傲，你做得很好！继续加油！

- 你今天和新认识的小朋友打招呼，还介绍了自己的名字，真勇敢！
- 你和长辈说话时，声音清晰，态度真诚，真是个有教养的好孩子！
- 说话的时候会看着对方的眼睛，认真倾听，这是一种好习惯！
- 宝贝真棒！知道说谢谢，别人会感受到你的真诚和感恩之心的！
- 你微笑的样子真好看，如果再大声一点儿说"你好"，就更完美了。
- 下次可以试着再大声一点儿，妈妈相信你一定可以做到！
- 宝贝，你主动和人打招呼的样子很可爱，很棒！
- 宝贝，主动打招呼会让你交到更多朋友，试试看。
- 每一次尝试都是一次成长，你做得越来越好了。妈妈相信你会越来越棒！
- 宝贝，妈妈知道你是一个有礼貌的孩子，只是需要一点点勇气。
- 上次你还躲在爸爸身后，现在你已经能主动迈出一步了，真了不起！
- 你对待每个人都很温柔，这种态度非常难得，继续保持。
- 你慢慢地学会了如何与人交流，妈妈相信你以后会越来越棒！
- 每次看到你努力尝试，妈妈的心就暖洋洋的，继续加油，宝贝！
- 主动打招呼是一种礼貌，也是尊重他人的表现。你做得很好，继续保持！
- 宝贝，你每次的主动开口都值得庆祝。妈妈相信你会越来越棒的！
- 你每一次开口主动打招呼，都是一次进步。妈妈相信你！
- 看到你和大家相处得越来越融洽，妈妈感到非常开心。相信你以后会交到更多好朋友。
- 勇敢地表达自己，你会发现世界比你想象得要美好得多。妈妈相信你，我的宝贝！
- 你能勇敢地说出"你好"，已经是很大的进步了，不要急，慢慢来。
- 今天你主动跟人打了招呼，妈妈相信你以后会越来越习惯主动和人打招呼的！

友善待人：
夸孩子真诚待人，善解人意

情景 重现

上一秒还嬉笑打闹，下一秒就可能因为意见不合而争吵，这在孩子的世界里再正常不过了。孩子在成长过程中，不断探索自我，建立价值观，难免会因为一些小事儿而发生争执。批评指责孩子、偏袒自己的孩子、要求孩子马上和好……家长这些错误的处理方式不仅不能解决问题，反而可能让情况变得更糟。批评孩子可能会让孩子感到更加委屈和愤怒，偏袒自己的孩子会让孩子变得自私和不讲道理，要求孩子马上和好可能会让孩子感到被迫和无奈。

情景 分析

孩子们天真烂漫，但也容易因为玩具归属或游戏规则等问题发生争执。这些看似不愉快的矛盾，实际上是他们成长过程中的必修课，是学习与人相处的宝贵机会。

当孩子与人发生争执时，家长应保持冷静，不要急于评判对错，而是尝试理解每个孩子的情绪和想法。耐心倾听孩子的诉说，了解事情的经过，让他们感受到被理解和尊重。当孩子表达自己的委屈时，家长应给予关注。引导孩子从对方的角度思考问题，寻找解决问题的方法。如果孩子能够主动道歉或提出解决方案，家长应及时给予肯定和鼓励。即使孩子一开始不愿意妥协，也要尝试发现他们的闪光点，夸奖他们，并引导他们用更友善的方式表达自己的想法。

除了在孩子发生矛盾时给予引导，家长还可以通过日常生活中的小细节，用夸奖的方式培养孩子友善真诚的品质。孩子就像待开的花苞，需要我们用爱和耐心去浇灌，用赞赏和鼓励去引导。

在家长与孩子的共同努力下，孩子们一定能够学会友善待人，用一颗真诚、包容的心去拥抱世界，拥有一个快乐而美好的童年！

这样 夸孩子

- 宝贝，你懂得站在别人的角度思考问题，真是个善解人意的好孩子！
- 你真诚坦率的样子闪闪发光，妈妈喜欢你这样！
- 你今天能冷静地和妈妈讲述和朋友的矛盾，像个小大人一样成熟，真不错！
- 宝贝，你在和朋友有矛盾时没有冲动，而是努力想办法解决，为你点赞！
- 你处理矛盾时的理智和冷静，让妈妈相信你在其他方面也会同样出色！
- 宝贝，你能克制自己的情绪，不继续争吵，真值得称赞！
- 你不仅没有让矛盾恶化，还主动思考解决办法，真是个懂事的好孩子！
- 你能主动道歉，说明你对友谊很珍惜，妈妈为你感到高兴！
- 你今天处理矛盾既迅速又恰当，证明你已经学会了控制情绪，真棒！

第二章 夸出好行为，自律文明人人爱

- 你今天处理矛盾的方式很不错，朋友一定会感受到你的真诚，继续保持下去！
- 现在你和朋友又和好如初了，这是你努力的结果，妈妈为你感到开心！
- 你能从对方角度思考，而不是只考虑自己，这种换位思考的精神很好！
- 今天处理矛盾时，你主动沟通，展现出了很强的沟通能力，真棒！
- 面对朋友的不理解，你也能够保持耐心，这种态度非常难得！
- 你懂得保持冷静，轻松解决了矛盾，你真聪明！
- 对于自己的问题，你能勇敢承认，并且马上改进，这种勇气非常值得称赞！
- 你不仅解决了矛盾，还从中吸取了教训，真是个善于学习的好孩子！
- 宝贝，你能够用真心对待朋友，这份真诚和善意，让妈妈深感欣慰！
- 你有一颗善解人意的心，总是愿意理解别人，妈妈为你感到骄傲！
- 宝贝，你能够体谅别人的难处，这份善良和宽容十分难得！
- 你待人真诚热情，相信你的人缘一定会越来越好！
- 你说话做事很有分寸，让人感觉很舒服，这是一种很好的教养！
- 你能主动原谅朋友的错误，你宽广的胸怀像大海一样，能包容一切。
- 和朋友之间难免会有摩擦，你能主动和好，真棒！
- 你总能敏锐地察觉到别人的情绪，真是个善解人意的小天使。
- 看到你和其他小朋友友好相处，妈妈心里真高兴。
- 你有一双发现美的眼睛，总是能看到别人身上的优点。
- 你待人真诚的态度，就像冬日里的暖阳，温暖着身边每一个人。
- 你就像一颗小太阳，无论走到哪里，总能把阳光和快乐带到哪里。
- 你有颗包容的心，能够理解和包容别人的缺点，这份大度很难得！
- 宝贝，你用行动证明了你是个值得信赖的好朋友。
- 宝贝，妈妈相信，你一定会收获珍贵的友谊，因为你值得！

第三章 夸出好心态，自信勇敢，快乐成长

勇敢追逐梦想：
夸孩子有理想

情景 重现

轩轩，别再沉迷于游戏了，生活中还有很多值得你去探索和发现的事情。

我觉得玩游戏很有趣啊，你不懂。

有些孩子对未来没有明确的目标和规划，对任何事情都提不起兴趣，缺乏学习的动力和热情。问及他们的梦想，他们可能会说我不知道，对未来没有憧憬和期待。一些家长可能会将自认为的梦想强加给孩子，要求孩子按照自己设定的路线发展。还有一些家长可能会对孩子表示失望，甚至会拿孩子和别人家的孩子进行比较，这些做法都会对孩子的心理造成负面影响，不利于孩子树立梦想和目标。

情景 分析

实际上，每个孩子的心中都孕育着梦想的种子，只是有些种子尚

第三章　夸出好心态，自信勇敢，快乐成长

未有机会萌发。有些孩子可能尚未发现他们真正热爱的事物，因此梦想的种子仍旧处于休眠状态。在这种情况下，家长应当扮演细心的观察者角色，去探寻孩子内心深处的梦想种子。

孩子爱看什么书？对什么特别好奇？在哪些事情上表现出特别的热情和专注？家长们要及时发现孩子身上的闪光点，并毫不吝啬地给予夸奖和鼓励，这会让孩子更加自信，也更容易让孩子找到梦想的方向。

还有些孩子，他们找到了自己喜欢的事情，但因为不够自信，害怕失败，害怕失望，不敢去追求梦想。这时，家长们可以给孩子讲讲名人的故事、伟人的事迹，也可以分享自己追梦的经历，用这些榜样来激励孩子，让他们知道梦想不是遥不可及的，只要努力，每个人都能实现梦想。

实现梦想的道路上充满了挑战，需要付出努力和汗水，更需要家长们的支持和陪伴。在孩子追梦的路上，我们要成为他们的坚强后盾，和孩子一起制订计划，帮助他们解决问题，和他们一起分享快乐，陪伴孩子走过每一个追梦的阶段。

这样夸孩子

- 宝贝，现在你就有自己的梦想，妈妈真为你感到骄傲！
- 你能始终坚持梦想，妈妈相信你一定会有一个美好的未来！
- 你看，这位科学家小时候也喜欢做实验，你和他一样充满了探索精神！
- 告诉妈妈，妈妈怎样才能帮助你更接近梦想？
- 你画得真漂亮！色彩搭配得也好看，妈妈相信你会实现做画家的梦想！
- 宝贝，将你的梦想坚持下去，你是最棒的！妈妈永远支持你！
- 让我们一起努力，一步一步实现你的梦想！
- 你对什么事情充满好奇？想尝试一下吗？妈妈陪你一起探索！
- 不要害怕尝试，勇敢去追寻你的梦想！妈妈相信你能行！
- 每个人都有自己的闪光点，你一定可以找到属于自己的梦想！

- 你说你将来想当医生,祝贺你有了"梦想"!
- 梦想就像一颗种子,需要我们用心呵护它,让它生根发芽,最终开花结果。
- 宝贝,你做得很好,一直在坚持你的梦想!
- 不要给自己设限,你的梦想可以无限大!妈妈相信你的潜力!
- 宝贝,为实现梦想,你每天都在进步,妈妈为你感到骄傲!
- 为实现梦想,你付出的辛苦和汗水,我们都看在眼里,我们为你感到骄傲!
- 梦想的路上不会一帆风顺,但只要坚持,就一定能实现!
- 让我们一起制订一个计划,一步一步实现你的梦想!
- 你的梦想是什么?和我们分享一下吧!妈妈想和你一起努力!
- 每个人都有梦想,不要因为别人的看法而放弃自己的梦想!
- 勇敢去追梦吧,宝贝!爸爸妈妈永远支持你!
- 你的每一次尝试都是一种成长,都是朝着梦想迈进的一步!
- 相信自己,你可以做到!妈妈相信你!
- 让我们一起阅读一些名人故事,从他们的经历中汲取力量!
- 坚持你的热爱,总有一天你会闪闪发光!
- 宝贝,你对梦想的热情和执着,让妈妈感动!
- 你的辛苦和付出,终将得到回报!宝贝,你很棒,一直在努力!
- 梦想就像夜空中最亮的星,指引着我们前进的方向!
- 你小小的身体里蕴含着大大的能量,为了你的舞蹈梦,迸发吧!
- 你就是你,独一无二的你,拥有无限的可能!妈妈为你感到骄傲!
- 妈妈和你一起努力,创造属于你的精彩人生!
- 相信梦想的力量,它会让你变得更加勇敢和坚强!

发展兴趣爱好：
夸孩子懂得挖掘自己的闪光点

情景 重现

孩子对很多事情都提不起兴趣，无论是在学校课余时间，还是在家休息时，总是没有特别想做的事。有些家长会给孩子报各种兴趣班、辅导班，他们认为只要孩子多尝试，就一定能找到自己的兴趣，这种"填鸭式"的方法只会让孩子感到压力和束缚，更加排斥参与任何活动。而有些家长则认为孩子的兴趣爱好并不重要，只要学习成绩好就足够了。但实际上，让孩子长时间埋头于书本和作业，可能会错失发现和培养兴趣爱好的宝贵机会。

要是我也能像他一样站在台上就好了。

情景 分析

每个孩子都拥有不同的天赋和兴趣，有的孩子喜欢音乐，有的孩子热爱绘画，有的孩子对运动情有独钟……作为家长，我们应该如何帮助孩子发现和培养他们的兴趣爱好呢？

兴趣是最好的老师，家长可以鼓励孩子积极参与各种活动，例如绘画、音乐、运动、科技等，让孩子在实践中探索自己的兴趣和潜力。带孩子参观博物馆、科技馆、艺术展览等，开阔孩子的眼界，帮助他们发现更广阔的世界和更多的可能性。

1600句 **夸出孩子内驱力**

当我们发现孩子对某件事表现出特别的热情和专注时，就应该意识到，这可能是孩子的兴趣所在。比如，孩子喜欢摆弄积木，或许是对空间和结构敏感；孩子喜欢涂鸦，或许是对色彩和线条有感知。

家长要尊重孩子的个性和兴趣，给予他们足够的自由和空间去尝试和探索，不要强迫孩子学习他们不感兴趣的东西，也不要因为孩子喜欢的东西不实用就阻止他们。同时，也要给予他们足够的支持和鼓励，帮助他们找到真正热爱的事物，并在这条道路上不断前行。

点燃孩子兴趣的火花，需要家长用心观察、耐心陪伴和积极引导。相信在家长与孩子的共同努力下，每个孩子都能找到自己热爱的事物，并在成长的道路上闪耀发光。

这样 夸孩子

- 宝贝，你还没找到自己的兴趣，这很正常！很多大人也还在寻找呢。
- 你今天拼的积木好有创意啊！颜色搭配也漂亮！
- 宝贝，你唱歌真好听！妈妈相信，你一定会成为舞台上最闪亮的星！
- 宝贝，世界就像一个大宝藏，妈妈相信你一定能找到属于自己的那份！
- 你看那些有爱好的小朋友，他们很快乐，你也可以找到自己的快乐。
- 宝贝，每一个小小的兴趣点都可能发展成一个大大的爱好。
- 你喜欢的事情，总是学得那么快，妈妈相信你一定能做得更好！
- 你总是积极探索新事物，妈妈相信你未来一定会有所成就！
- 大自然中有很多有趣的事物，多观察动植物，你就能发现。
- 孩子，把自己的感受放在第一位，去寻找那些让你感觉快乐的事情。
- 妈妈看到了你在兴趣爱好上的努力和付出，你真的很棒！
- 你在兴趣爱好中找到了快乐，也收获了成长，妈妈为你感到开心！
- 看到你在做自己喜欢的事情时投入的样子，妈妈好欣慰！
- 你总是乐于和大家分享你的兴趣爱好，带给大家快乐，妈妈为你感到骄傲！
- 你对兴趣爱好的执着和认真，让妈妈看到了你的无限潜力！

第三章 夸出好心态，自信勇敢，快乐成长

- 宝贝，外面还有很多有趣的事物在等你，让我们一起去看看吧！
- 妈妈很欣慰你能找到自己真正喜欢的事情，并为之努力奋斗！
- 你在兴趣爱好中收获了快乐和成就感，妈妈真为你感到高兴！
- 兴趣爱好让你变得更加自信和开朗，妈妈为你感到开心！
- 你在兴趣爱好上投入的时间和精力，总有一天会得到回报，妈妈相信你！
- 你对兴趣爱好的专注和投入，让妈妈看到了你身上难能可贵的品质！
- 宝贝，兴趣爱好是可以慢慢培养的，只要你愿意去尝试。
- 你在兴趣爱好中找到了自信，也找到了属于自己的舞台，妈妈为你鼓掌！
- 妈妈相信，只要你坚持自己的兴趣爱好，总有一天会实现自己的梦想！
- 你在兴趣爱好上取得的每一个进步，都让妈妈感到无比欣慰和自豪！
- 你的兴趣爱好，是你人生道路上的一盏明灯，会指引你走向更加美好的未来！
- 你总能从兴趣爱好中发现乐趣和价值，这是一种很宝贵的能力！
- 妈妈很高兴看到你对生活充满了热情，并找到了自己热爱的事情！
- 你对兴趣的热爱，会让你在学习和成长的道路上走得更远！
- 你对兴趣的执着追求，让妈妈看到了你身上坚韧不拔的精神！
- 妈妈相信，只要你保持这份对兴趣的热爱，未来一定会创造属于自己的精彩！
- 你找到了自己的兴趣爱好，妈妈为你感到开心！

跌倒了再爬起来：
夸孩子懂得从失败中学习

有些孩子在面对挑战时，容易产生畏难情绪，甚至还没开始尝试，就担心自己做不好，害怕面对失败的结果。比如，在尝试新事物时，如果第一次尝试没有成功，就不愿意继续尝试；在面对新的学习任务时，害怕做错题或者得不到好成绩，就拖延着不去开始。有些家长习惯性地拿孩子和别人家的孩子作比较，这样的比较只会让孩子更加沮丧，觉得自己不如别人。还有些家长会过度关注结果，认为只有取得成功才是最重要的，忽视了孩子在努力过程中的付出和进步。

情景 分析

孩子害怕失败，很大程度上源于缺乏自信，过度在意家长和老师的评价。他们渴望得到认可和鼓励，担心失败会让自己失望，也会让

第三章 夸出好心态,自信勇敢,快乐成长

关心自己的人失望。

想要帮助孩子战胜对失败的恐惧,家长首先要理解他们的情绪,并用正确的方式引导他们,帮助他们建立自信,勇敢面对挑战。夸奖就像拥有神奇的魔力,能给予孩子无穷的力量。

家长要学会用放大镜去发现孩子的闪光点,并及时给予真诚的夸奖。不要吝啬赞美之词,比如"你真的很努力了!""我相信你能做得更好!"这些积极的肯定能让孩子感受到来自父母的爱和支持,相信自己有能力克服困难。

当然,夸奖并非盲目地赞美,家长还需要引导孩子正确看待失败。孩子害怕失败,可能是因为缺乏对失败的正确认知,将失败看作是一种耻辱或者不可挽回的事情。家长需要引导孩子明白,失败是成长的重要组成部分,每一次失败都是一次学习和成长的机会。

当孩子遇到挫折时,家长更要陪伴他们一起分析原因,找到解决问题的方法,鼓励他们不要放弃,继续努力。比如,可以和孩子一起回顾整个过程,看看哪些方面做得比较好,哪些方面还可以改进,帮助他们从失败中吸取经验教训。

这样 夸孩子

- 宝贝,这次虽然没考好,但妈妈知道你很努力,继续加油!
- 这次比赛虽然没拿名次,但你勇敢挑战了自己,妈妈为你骄傲!
- 你做数学题遇到难题没有放弃,而是开动脑筋想方法,真棒!
- 你体育课上表现很积极,跑步速度也提高了,真棒!
- 你遇到困难没有退缩,而是勇敢面对,想办法克服,真勇敢!
- 你能把失败当镜子,从失败里审视自己,这是很棒的习惯!
- 宝贝,失败让你更加谨慎,你在失败中变得成熟,妈妈为你点赞。
- 你遇到挫折没有气馁,而是吸取教训,继续努力,妈妈为你骄傲!
- 虽然上一次失败了,但你今天表现得很自信,真棒!
- 失败了还充满干劲,并从失败中汲取了力量,真是勇敢的孩子。
- 懂得从哪里跌倒就从哪里爬起来,你下次一定可以做得更好!

1600句 夸出孩子内驱力

- 失败是成功之母，你已经迈出了勇敢的一步，妈妈为你骄傲！
- 这次失败并不可怕，重要的是你吸取了教训，下次加油！
- 你遇到困难没有放弃，而是坚持尝试，这种精神值得表扬！
- 面对失败，你依然保持乐观，妈妈相信你能战胜困难！
- 跌倒了，你能马上爬起来，你的坚强充满了力量！
- 妈妈看到了你的付出和坚持，宝贝，你真的很棒！
- 相信自己，你可以做到的！妈妈永远是你最坚强的后盾！
- 不管遇到什么困难，都不要忘记，妈妈永远爱你！
- 学会从失败中汲取经验，你就能不断进步，妈妈为你感到骄傲！
- 你没有被这次的失败打倒，反而从中总结经验，真是太棒了！
- 从这次失败中，妈妈看到了你的成长，你变得更强大、更自信了！
- 宝贝，失败并不可怕，你勇敢面对的态度才是最宝贵的！
- 每一次跌倒都是为了下一次更好地站起来，你做得很好！
- 你分析失败原因的样子好认真，相信你一定能做好那个动作！
- 从失败中吸取教训，才能取得更大的进步，你做得很好！
- 宝贝，你真的很棒！即使面对失败，你依然积极思考，不断尝试！
- 失败是成功路上的垫脚石，你迈出的每一步都值得鼓励！
- 妈妈相信，经历过风雨的你，会更加勇敢、更加坚强！
- 宝贝，你从不轻易放弃的精神，让妈妈深受感动，继续加油！
- 宝贝，虽然失败了，但每一次的尝试都是一种收获，你已经很棒了！
- 宝贝，你不仅敢于尝试，还懂得总结经验，妈妈为你感到自豪！

积极乐观：
夸孩子正能量满满

有些孩子在面对困难或者不如意的事情时，总是看到事情的消极面。例如在学习上，一次考试失利就觉得自己永远学不好，和小伙伴闹矛盾后就认为自己不会处理人际关系，总是沉浸在自己的负面情绪里，不再主动去交往。有些家长可能会附和孩子的消极想法说"可能你真的不适合这个"，这只会让孩子更加沮丧。而另一些家长则可能会直接指责孩子"这么点儿小事都过不去"，这不仅不能帮助孩子解决问题，反而会伤害孩子的自尊心，让孩子更加消极。

情景 分析

孩子们有时候会显得很消极，这可能是因为家庭环境、学校环境或者他们自己的性格等多种原因造成的。可能他们没经历过挫折教育，不懂得失败和挫折其实是成长的一部分，反而把这些不好的事情看得太重。还有可能是孩子们不太自信，觉得自己什么都做不好。如果家长的教育方式和家庭氛围太压抑或者太消极，孩子们也可能会变得消极悲观。

作为家长，我们要重视孩子的情绪问题，理解并接受他们的感受，积极地帮他们解决问题，培养他们积极的人生观。

首先，我们要教孩子明白挫折和失败是两码事，只要用乐观的态度去面对，就能战胜困难。

其次，我们要帮孩子建立自信。自信是抵抗消极情绪的好帮手。那些不自信的孩子往往会低估自己，容易自卑。家长的真心夸奖和鼓励能帮孩子树立信心，让他们相信自己有能力战胜困难，取得成功。

最后，我们要努力创造一个温暖和谐的家庭环境。家是孩子的避风港，一个充满爱和支持的家能帮助孩子健康成长。我们要尽量避免家里气氛压抑或消极，多花时间陪孩子，和他们积极互动，比如一起读书、玩游戏、户外运动等，让孩子感受到家的温暖和支持。

这样 夸孩子

- 你总是那么阳光开朗，好像有你在的地方，阴霾都会散去。
- 你积极乐观的态度非常值得赞扬，无论遇到什么困难都能笑着面对，妈妈为你骄傲！
- 看到你充满活力的样子，妈妈也充满了力量！
- 你总是那么勇敢自信，相信你一定能克服所有困难，实现自己的梦想！
- 宝贝，面对挫折时，你灿烂的笑容，像阳光一样照亮了我的世界。
- 你的乐观和自信感染着身边的每一个人，你真是个小太阳！
- 你面对困难时的积极乐观，让妈妈相信你的未来一定会更加美好！
- 即使遇到挫折，你也能很快调整心态，重新出发，真棒！
- 你总是用积极的心态去面对一切，你的乐观向上值得所有人学习！
- 你的勇敢和坚强是妈妈最大的骄傲。

第三章 夸出好心态，自信勇敢，快乐成长

- 👍 你的笑容是世界上最美的风景，它充满了希望和力量。
- 👍 看到你不惧困难，健康快乐地成长，妈妈好欣慰！
- 👍 你积极向上的精神，是照亮前行道路的一束光。
- 👍 你总是充满活力，你的热情和朝气感染着周围的每一个人。
- 👍 你的自信和乐观，是你成功的最大秘诀。
- 👍 你总是那么勇敢地追逐梦想，妈妈相信你一定能实现！
- 👍 你的积极乐观，就像冬日里的暖阳，温暖着所有人的心。
- 👍 你就像一颗闪闪发光的星星，照亮了周围的世界。
- 👍 宝贝，你的笑声就是最动人的音符，让我充满了动力和期待！
- 👍 你就像一朵向日葵，永远朝着阳光生长，充满着希望和活力。
- 👍 你的热情和活力，让妈妈看到了无限的希望。
- 👍 你总是那么阳光，你的快乐和幸福，也感染着我们每一个人。
- 👍 宝贝，无论遇到什么困难，你总能积极面对，这种坚强让妈妈都钦佩！
- 👍 你总是那么充满自信，你的勇敢和坚强，是妈妈最大的骄傲。
- 👍 你总是那么积极进取，你的付出，终将收获成功的果实。
- 👍 你就像一棵茁壮成长的树苗，充满着无限的生机和活力。
- 👍 宝贝，你的坚持和毅力，是你将来成就大事的关键，妈妈为你点赞！
- 👍 宝贝，每个人都有自己的闪光点，你也要相信自己！
- 👍 宝贝，不管你面对什么，总是满满的正能量，你就是我的骄傲！
- 👍 宝贝，成长路上有风有雨，但妈妈相信你能闪耀出自己的光芒！
- 👍 宝贝，你的努力和坚持，让我看到你将来一定是非常出色的人！
- 👍 宝贝，你真是个充满潜力的孩子！我喜欢你积极向上的态度！

对生活充满了热情：
夸孩子热爱生活

情景 重现

生活中，不少孩子经常将"无聊""没意思"挂在嘴边，他们总是对生活中的事情不满意，好像什么事情都提不起他们的兴趣，整天唉声叹气。有些家长可能觉得这只是孩子的小情

绪，长大点就好了，所以不太重视。但有些家长，一看到孩子抱怨，就急着满足他们所有的要求，这样反而让孩子觉得抱怨能解决问题，以后更容易消极抱怨了。

情景 分析

孩子缺乏对生活的热情，总是消极抱怨，是多种原因导致的：繁重的学业压力，父母过高的期望，亲子间缺乏有效沟通，同伴关系紧张，甚至孩子自身性格等，都可能让孩子情绪低落，感受不到生活的乐趣。

想要帮助孩子重拾对生活的热情，家长需要掌握正确的引导方法。试着理解孩子的情绪，走进他们的内心世界。当孩子抱怨时，先别急着否定或说教，尝试用同理心倾听他们，让孩子感受到被理解和支

第三章 夸出好心态，自信勇敢，快乐成长

持。可以问问孩子："宝贝，你看起来很不开心，可以和妈妈说说吗？是什么事让你觉得不开心呢？"

当孩子遇到困难或挫折时，可以引导他们分析问题产生的原因，鼓励他们积极思考解决方法，而不是一味抱怨或逃避。家长还可以通过夸奖来鼓励孩子，例如，孩子提出一个解决问题的想法，即使这个想法不那么成熟，家长也可以先肯定孩子的努力，并帮助孩子一起完善想法。

有些孩子虽然学习成绩一般，但很有绘画天赋，家长可以鼓励孩子参加绘画比赛或加入绘画兴趣班，帮助孩子在擅长的领域获得成就感，从而提升自信心。家长真诚地夸奖和鼓励，能够激发孩子的热情，让他们找到认同感，找到价值感。

这样 夸孩子

- 看你笑得这么开心，妈妈也感到生活充满了阳光！
- 宝贝，你对花儿的细心照料，让妈妈看到了你对生活的热爱和细致。
- 每次你发现生活中的小确幸，都能让妈妈感受到你对生活的积极和热情。
- 即使遇到不如意的事情，你也能很快调整心态，这真令人佩服！
- 看到你对新事物的好奇和探索，妈妈知道你对生活充满了热爱和期待。
- 每一天都是新的开始，你总能以积极的态度去面对，真了不起！
- 宝贝，你对生活的每一刻都充满了感激，这种心态让你更加幸福和满足。
- 你的每一个小进步，都是对生活热爱的最好证明，继续加油！
- 即使生活有时不尽如人意，你也能从中找到乐趣，这种能力真难得！
- 看你那么认真地规划自己的生活，妈妈都被感染到了呢。
- 你的笑容和乐观，是妈妈最宝贵的财富，感谢你让我们的生活变得更加美好！
- 看到你如此热爱生活，妈妈感到无比欣慰和骄傲！

- 宝贝，你总是能发现生活中的乐趣，妈妈真为你开心！
- 宝贝，你笑起来让妈妈觉得整个世界都亮了，要永远以这份乐观心态面对生活呀！
- 每天看你活力满满的样子，妈妈也觉得生活轻松了很多！
- 你有一双发现美的眼睛，总能发现生活中的小美好，真是难得！
- 你热爱生活，热爱自然，喜欢小动物，你的善良和爱心让这个世界更温暖！
- 看到你每天都过得充实且快乐，妈妈感到无比欣慰。
- 你有一颗感恩的心，懂得珍惜生活中的点点滴滴，这是非常宝贵的品质。
- 面对生活，你总能充满正能量，你的积极情绪也感染着身边的每一个人。
- 你的观察力那么强，看得出，你每天都在用心生活！
- 你热爱生活，喜欢照顾小动物、小花草，你有一颗柔软且温暖的心灵。
- 宝贝，面对挫折迎难而上的态度，让我看到了你对生活的信心！
- 宝贝，你会为生活中的小惊喜欢呼雀跃，你是热爱生活的小天使。
- 你热爱生活，用心感受生活，你的生活态度值得我们所有人学习。
- 宝贝，你面对生活的自信和阳光，是成长路上最宝贵的品质！
- 你积极向上，乐观开朗，你的笑容像阳光一样灿烂，照亮了我们的生活。
- 你有一颗善良的心，乐于助人，你总是把快乐带给身边的人。
- 你有一双善于发现的眼睛，总能发现生活中的美好，并与大家分享。
- 你乐观自信，积极向上，你就像一棵茁壮成长的小树，充满了生机和活力。
- 你懂得感恩，珍惜拥有，你对生活的热爱让妈妈感到非常欣慰。
- 宝贝，你就是我们家的开心果，给我们的生活带来了无限的快乐。

十万个为什么：
夸孩子有好奇心

每个孩子都是天生的探险家，他们对世界充满好奇，总爱问一些稀奇古怪的问题。然而，面对孩子的奇思妙想，家长常常因为觉得与学习无关或者无暇顾及而敷衍回答。还有一些家长习惯性地夸大孩子的能力，这些看似积极的评价，却可能无意中给孩子传递了错误的信息——"知道答案"比"提出问题"更重要。长此以往，孩子可能会为了得到夸奖而"不懂装懂"，逐渐失去探索未知的动力。

情景 分析

好奇心能够激发孩子的求知欲，让他们主动去探索未知世界。所以，我们要认真倾听孩子的问题，并给予积极的回应。即使问题很简单，也不要敷衍或者嘲笑，而是要耐心地引导他们去寻找答案。

我们可以和孩子一起阅读、观察、实验，引导他们发现问题、提出问题。例如，在阅读绘本时，可以鼓励孩子猜测故事的发展；在观察小动物时，可以引导孩子思考小动物的行为方式。

当孩子取得进步时，家长可以肯定他们的努力，并鼓励他们继续探索。例如，当孩子尝试解决一个难题时，即使没有找到正确答案，家长也可以表扬他们的思考过程和尝试的勇气。

最后，我们要让孩子明白，提出问题并不代表"笨"，而是代表着他们正在思考，正在学习。每个"为什么"都是一次宝贵的学习机会，家长要做的，就是保护好孩子的好奇心，鼓励他们勇敢提问，帮助他们找到学习的乐趣，让他们在探索中不断成长。

这样夸孩子

- 宝贝，妈妈喜欢你对世界充满好奇的样子！
- 你总能发现别人注意不到的小细节，拥有一双善于观察的眼睛！
- 你的问题很有趣，妈妈也想知道答案呢，我们一起去探索吧！
- 不怕问问题的孩子最聪明，妈妈很高兴你愿意主动追寻答案。
- 你有一颗求知若渴的心，这是非常宝贵的品质。
- 敢于提问的孩子会收获更多的知识，妈妈为你感到骄傲！
- 你的观察力真敏锐，竟然发现了这么有趣的事情！
- 你总能从不同的角度思考问题，真是个有想法的孩子！
- 不懂就问是一种非常好的学习态度，妈妈支持你！
- 你对世界充满了好奇，相信你将来一定会有所成就！
- 妈妈喜欢你认真思考的样子，你真是个爱动脑筋的好孩子！
- 你的问题很有启发性，让妈妈也开始思考了呢！
- 你真是个小小探险家，总能发现生活中的新奇事物！
- 能够提出问题，代表你已经迈出了探索的第一步！
- 敢于质疑，敢于思考，你真是个善于独立思考的小朋友！
- 你的问题很有意思，让妈妈对这件事有了新的理解。

第三章　夸出好心态，自信勇敢，快乐成长

- 👍 好奇心是学习最好的老师，祝贺你，你已经找到了最好的老师！
- 👍 你真是个充满求知欲的孩子，妈妈相信你会不断进步！
- 👍 宝贝，要一直带着这颗好奇心啊，你会发现世界比你想象得更精彩！
- 👍 你总是能提出一些与众不同的问题，真是个有独特见解的孩子！
- 👍 不断提问，不断探索，你会发现学习是一件很有趣的事情！
- 👍 你就像一块海绵一样，努力吸收着新知识，妈妈为你感到自豪！
- 👍 你的好奇心和求知欲，将会引领你走向更广阔的天地！
- 👍 勇敢地提出你的疑问吧，不要害怕犯错，每个人都是从错误中学习成长的。
- 👍 你能勇敢表达你的想法，这非常可贵，妈妈欣赏你的勇敢和求知欲。
- 👍 你的问题充满了童真和想象力，让妈妈也仿佛回到了童年时代。
- 👍 继续保持你的好奇心，它会成为你人生道路上最宝贵的财富！
- 👍 宝贝，你对艺术作品的好奇，是你审美提升的重要一步。
- 👍 宝贝，你对陌生环境的好奇，是你适应能力强的表现。
- 👍 宝贝，你好奇的小脑袋里装着无数个问号，这是你求知欲强的体现呢。
- 👍 孩子，你的眼睛里透着好奇的光，就像小星星，这是多么好的品质呀。
- 👍 宝贝，你对新东西的好奇心就像小树苗对阳光的渴望，会让你茁壮成长。

不畏困难,勇往直前:
夸孩子坚持不懈的精神

情景 重现

在孩子的成长过程中,我们常常会看到这样的画面:孩子一遇到难题就轻易放弃,他们可能表现出烦躁、沮丧的情绪,甚至会通过发脾气、哭闹来逃避问题。有些家长可能会批评孩子,对孩子说"这么轻易就放弃,你怎么这么没耐心",这会打击孩子的自信心,让孩子更加害怕面对难题。还有些家长可能会直接帮孩子解决难题,而不让孩子自己去尝试克服,这会让孩子养成依赖心理,下次遇到难题还是不懂自己解决。

情景 分析

孩子遇到难题就想打退堂鼓?别担心,这可不是个例!很多孩子都会遇到这种情况，他们可能是因为缺乏经验、耐心不足，或是被过度保护了。

缺乏经验的孩子面对难题时，常常会感到迷茫无措，不知道该从哪里下手，自然容易产生畏难情绪。缺乏耐心和毅力的孩子，可能很难长时间专注于问题，难以坚持尝试不同的解决方法，容易选择放弃。此外，家长过度保护也会阻碍孩子发展独立面对挑战的能力，让他们习惯了依赖他人，一遇到困难就想寻求帮助。

家长应该怎么做呢？鼓励和引导是关键！家长需要让孩子明白，每个人都会遇到困难，重要的是学习如何面对和解决问题。当孩子因遇到难题想要放弃时，家长首先要做的不是批评或指责，而是理解和接纳他们的情绪，并试着帮助孩子将一个大难题分解成几个小问题，一步一步地解决，减轻他们的压力和焦虑。

鼓励孩子开动脑筋，想出多种解决问题的方案，并从中选择最合适的方法。家长不要急于给出答案，要相信孩子有能力找到解决问题的方法。更重要的是，要让孩子明白，成功往往需要付出努力和坚持，不要害怕失败，从失败中学习才能不断进步。

这样夸孩子

- 👍 宝贝，你遇到困难不放弃，坚持到底的精神真让人佩服！
- 👍 妈妈看到了你一直坚持努力的样子，你真是个意志坚定的孩子！
- 👍 你今天又坚持练习了这么久，你离目标越来越近了！
- 👍 即使遇到挫折，你也不放弃，这种精神太难得了，为你点赞！
- 👍 坚持下去，你就能创造奇迹！妈妈相信你！
- 👍 你今天的努力和坚持，妈妈都看在眼里了，我为你感到自豪！
- 👍 困难像弹簧，你强它就弱，宝贝，你战胜了困难，你真棒！
- 👍 你的坚持和努力，就是照亮梦想的光芒，继续加油！
- 👍 胜利的果实属于坚持到最后的人，宝贝，你已经很棒了，继续努力！
- 👍 你的每一次坚持，都是向着梦想迈进的一大步！
- 👍 坚持是成功的必经之路，你今天做得很棒，继续加油，宝贝！

- 困难是暂时的，你的努力和坚持会留下宝贵的经验！
- 宝贝，你今天又战胜了自己，妈妈真为你骄傲和自豪！
- 你能够勇敢面对挑战，这种精神值得鼓励！
- 你今天想出了一个很棒的解决方法，真是个不畏困难、善于解决问题的小朋友！
- 虽然这次没有完全成功，但是你从中学到了经验，下次一定会做得更好！
- 你比昨天多尝试了一次，离你的目标又近了一步！
- 你在解决问题时表现得很有耐心，你一定能克服这个困难！
- 遇到困难时，你能够积极思考，尝试不同的方法，非常出色！
- 你表现出的勇气和毅力，就是你将来克服各种挑战的底气！
- 你耐心解决问题的过程比结果更重要，你今天的表现太精彩了！
- 宝贝，你的坚持不懈一定能战胜任何困难！
- 你今天面对困难时的态度非常积极，这比什么都重要！
- 宝贝，你真是个不惧困难、坚持不懈的小勇士！
- 你今天在解决问题时表现出的冷静和思考，让妈妈印象深刻！
- 每一次的尝试都是一种进步，你今天又向前迈进了一大步！
- 宝贝，你真是个善于思考的小朋友，总能想出一些新奇的方法！
- 宝贝，妈妈看到了你的表现，妈妈相信，你在未来的人生道路上，一定能够像今天面对困难这样，披荆斩棘，勇往直前！
- 遇到困难时，你总是能够保持积极的心态，这非常难得！
- 你面对困难时的不退缩，是爸爸妈妈最大的欣慰！
- 宝贝，你真是个聪明又勇敢的孩子，爸爸妈妈相信你能克服这次困难！
- 宝贝，是你的坚持打破了困境，妈妈为你自豪！

不断突破自我：
夸孩子勇于挑战自我

情景 重现

宝贝，我们一起去玩过山车吧，看起来很好玩呢！

我……我不敢，万一摔出去怎么办？

有些孩子总是对新鲜事物感到害怕，不愿走出舒适区。他们面对挑战时，首先想到的不是"我想试试"，而是"我不会""我害怕"，这种畏难情绪可能会限制他们在生活和学习中的成长空间。一部分家长出于对孩子的保护，可能会过分限制孩子接触新环境的机会，或者因为担心孩子受伤而阻止他们尝试新事物。然而，这种过度保护反而可能强化孩子的恐惧心理，让他们更加难以走出舒适区。

情景 分析

有的孩子生来胆子大，乐于尝试新事物；而有些孩子则对新鲜事物感到害怕，更喜欢待在自己熟悉的地方。

孩子害怕可能有很多原因。有的孩子可能心理上比较脆弱，一想到失败或者危险就害怕得不得了。有的家长过度保护孩子，不让他们接触新环境，或者怕孩子受伤不让他们尝试新东西。但这样反而可能让孩子更害怕，更不敢离开自己的舒适区。另外，如果家长对孩子的小小失误或者挫折反应过度，孩子可能就会害怕犯错，对新东西敬而远之。

此外，与人相处的过程可能也会影响孩子。如果孩子曾经在尝试新事物时被别的孩子嘲笑或者听到过不好的评价，都可能加剧他们的恐惧心理。

家长需要认识到，孩子一直待在舒适区里，会错过很多锻炼和成长的机会。他们需要学会勇敢尝试，突破自我，才能在玩耍中锻炼身体协调能力，在与其他小朋友的互动中提升社交能力，在解决问题中培养解决问题的能力。

每个孩子都是特别的，让我们用爱和理解，帮助他们勇敢地迈出探索世界的每一步吧！

这样夸孩子

- 宝贝，你愿意尝试新事物，真是个充满勇气的小朋友！
- 你今天迈出了勇敢的一步，打开了新世界的大门！
- 你今天尝试新事物时的勇敢，像个小探险家一样，真厉害！
- 宝贝，你今天克服了内心的恐惧，妈妈真为你自豪！
- 你今天做到了很多人都害怕做的事情，你真了不起！
- 你今天勇敢站上了讲台，面对那么多人发表演讲，突破了自我，妈妈真为你感到骄傲！
- 你今天勇敢地和老师沟通了你的想法，打破了你不敢和老师沟通的心理，真棒！
- 你不怕失败，敢于挑战自我的精神，真的好赞！
- 你今天挑战了自己，相信你未来能更加自信地面对各种挑战！
- 你恐高，但今天却勇敢且镇定地走过了一百多米的玻璃栈道，爸爸为你点赞！

第三章　夸出好心态，自信勇敢，快乐成长

- 每次尝试都是一种成长，相信你会越来越勇敢，越来越自信！
- 你克服了内心的恐惧，真是个勇敢的小战士！
- 你能突破自我，勇于挑战，说明你是一个有勇气、有胆量的孩子！
- 你能战胜内心的恐惧，说明你是一个意志力很强的小朋友！
- 宝贝，妈妈很高兴你能勇敢尝试新事物，继续尝试会让你在生活中发现更多的可能性！
- 宝贝，勇敢地去尝试吧，过程比结果更重要！
- 宝贝，你今天的表现，让我们看到了你的成长和进步！
- 每一次新的尝试和自我突破，都会让你变得更加强大！
- 宝贝，你今天克服了恐惧，相信你未来会更加自信！
- 宝贝，你今天的勇气，让我们看到了希望和力量！
- 宝贝，你的勇敢和坚持，一定会让你收获成功和喜悦！
- 爸爸妈妈相信，你一定能战胜所有的困难和挑战！
- 相信自己，你可以做到！爸爸妈妈永远支持你！
- 宝贝，你今天表现得真棒！
- 即使失败了也没有关系，重要的是你尝试了，你战胜了自己！
- 每个人都会遇到困难，重要的是我们如何去面对，你今天做得很好，已经尝试了不敢尝试的领域！
- 宝贝，你今天真的很努力，你敢于挑战自我的精神值得我们所有人学习！
- 宝贝，你做得比我想象中的还要好，你突破自我的样子给了我们太大的惊喜！
- 宝贝，你今天战胜了自己，真了不起！
- 看到你勇敢突破自己，爸爸妈妈为你感到自豪！
- 今天的表现让我们看到了一个更了不起的你，你比想象中更勇敢、更强大！
- 虽然突破自我、蜕变的过程很痛苦，但你没有放弃，爸爸妈妈为你自豪！

第四章　夸出好品德，善良勇敢最可贵

打不倒的小超人：夸孩子勇敢坚强

情景 重现

不少孩子在学习新技能时，由于对失败的恐惧而不敢迈出尝试的第一步；在与小伙伴产生矛盾时，因不知如何处理而选择逃避，默默难过；在遭遇挫折时，如跌倒受伤，只会哭泣而不知如何应对……当孩子处于这些情况时，家长如果过度担忧，不停地唠叨和安抚，或者一味责备孩子不小心、没出息，可能会让孩子愈发觉得自己软弱无能。这种错误的引导方式不仅无法助力孩子成长，反而会使孩子变得更加胆小，对他人产生过度依赖。

情景 分析

孩子在成长过程中必然会遇到各种挫折和困难，比如学习成绩不理想，与小朋友发生矛盾，或者比赛失败等。这些经历不仅是对他们现有能力的考验，更是塑造其性格的重要契机。

如果父母采取过度保护的态度，或是过于严厉的批评，孩子可能会失去学习如何独立处理问题的机会或动力，进而影响他们面对未来挑战的能力。因此，家长的角色应当是引导者和支持者，而非替代者或批判者。

想要帮助孩子培养勇敢坚强的品质，家长可以采取一些积极的方法来引导孩子，比如，可以细心观察孩子在面对困难时的反应，找出那些值得表扬的行为，及时给予表扬，并鼓励他们再接再厉。

夸奖不仅能让孩子感受到自己的努力被看到和认可，还能增强他们的自信心和勇气。通过对孩子勇敢行为的肯定，让孩子明白他们有能力克服困难，从而激发他们的内在动力。

当孩子逐渐学会勇敢面对困难，并且在夸奖中不断提高自己的勇敢坚强的品质后，就能在成长的道路上更加自信和坚强，而孩子勇敢坚强品质的培养，需要家长和孩子的共同努力。

这样夸孩子

- 你摔倒了都没哭，像个勇敢的小超人！
- 宝贝，你面对困难不退缩，将来一定能成为坚强的勇士。
- 你面对挫折时的勇敢和坚强，能帮你应对未来所有的挑战！
- 宝贝，你在困难面前没退缩，勇敢尝试，为你点赞！
- 你不仅克服了困难，还总结经验，真是个勇敢向上的好孩子。
- 不管遇到多大的难题，你都能勇敢面对，这种精神值得称赞。
- 你今天面对挑战的表现非常出色，说明你已经变得更加勇敢。
- 经过心理斗争，你战胜了困难，你非常勇敢，宝贝！
- 看你坚定的眼神和勇敢的行动，就能感受到你的成长和进步。
- 即使困难重重，你也能保持勇敢，一步步克服，实在太出色了！
- 这么难的挑战你都能完成，说明你内心非常强大。
- 你今天回怼了对方对你不友好的评价，你成熟的处理方式，让妈妈钦佩！

- 👍 你不受他人负面评价的影响,而是用实际行动回应质疑,这种做法非常值得称赞!
- 👍 你不惧批评,勇于承认错误,并及时改正,这种责任和担当,很值得赞扬!
- 👍 你今天面对困难时的姿态,像个真正的小英雄。
- 👍 遇到难题,你会主动想办法解决,这种独立解决问题的精神超赞!
- 👍 今天面对挑战,你主动寻求帮助,展现出了你很强的解决问题能力。
- 👍 在面对流言蜚语时,你能保持冷静,从容应对,这很了不起。
- 👍 你遇到问题时的从容和镇定,以及处理问题时的冷静,连妈妈都自愧不如!
- 👍 面对问题,你能灵活应变,真是睿智。
- 👍 今天面对各种情况,你都能保持冷静,这都是你提前做了充分准备的结果。
- 👍 即使面对多次失败,你也能够保持镇定,这种心态非常难得。
- 👍 你能认识到自己的错误,坦然接受大家的批评,并及时改进,这点很可取!
- 👍 在听到同学的诽谤时,你能够马上给出有效回击,妈妈真为你骄傲!
- 👍 宝贝,今天你据理力争的样子真的很赞,你有着清晰的是非观念。
- 👍 宝贝,你面对困难时的冷静和坚韧,让妈妈感到骄傲。
- 👍 今天同学想欺负你,你保护了自己,妈妈感到很欣慰!
- 👍 宝贝,你在游泳时呛了好几口水,却没有丝毫畏惧,依然勇敢地在水中探索,你真的太厉害了!
- 👍 宝贝,你能忍受疼痛,还安慰妈妈说没事,真是个小大人。
- 👍 面对同学的嘲笑,你选择不在意,而是暗自努力,用实力征服他们,这种精神实在太难得了!
- 👍 你不仅勇敢地面对了当前的困难,还为未来做好了准备,真是个有远见的好孩子。
- 👍 你面对疼痛时没有哭闹,这种勇气让人敬佩。

最棒的自己：
夸孩子自信阳光

情景重现

在孩子的成长过程中，他们不可避免地会遭遇各类挑战，而此时不自信的情绪便容易悄然滋生。比如在体育竞技中，孩子可能因为畏惧失败而畏缩不前，不敢全力拼搏；在课堂上，即使知道答案也不敢举手回答问题，害怕出错被嘲笑；在舞台上展示才艺时，总是战战兢兢，缺乏应有的自信。这些都是他们在探索自我、挑战自我的道路上必然经历的阶段。

当孩子呈现出这些状态时，如果父母因为孩子的胆怯表现而感到失望，对他们进行严厉批评，认为他们胆小懦弱、不成气候，那么极有可能加剧孩子的不自信程度，不仅无法帮助孩子成长，反而会对他们的身心健康产生极为不利的影响。

1600句 夸出孩子内驱力

情景 分析

孩子在成长过程中需要不断地展现自我、挑战各种可能，一方面能够切实地锻炼孩子的各种能力，另一方面更是塑造他们自信阳光性格的机会。

倘若父母在此过程中不断地对孩子采取打击或者忽视的态度，那将会给孩子带来极大的负面影响，孩子可能会因此错失提升自信的良机，在未来面对挑战时缺乏足够的勇气。

父母应该以积极的态度去发现孩子哪怕极其微小的努力和进步，例如孩子在体育比赛中多报了一个项目，在课堂上举了手，在才艺准备中有一点小小的创意等，给予及时、恰当的鼓励和支持，助力他们逐步建立自信，勇敢地去面对成长道路上的种种挑战。

真诚的夸奖有着巨大的力量，它不仅能让孩子深切地感受到自己的付出是有价值的，更能够极大地增强他们的自信心和积极性。当孩子逐渐学会自信阳光地面对各种挑战，并从夸奖中不断提升自我时，他们就会变得更加勇敢、更加积极地去面对成长道路上的每一个困难。

这样 夸孩子

- 👍 宝贝，你学会了自己刷鞋、洗衣服，你已经是弟弟的榜样了！
- 👍 宝贝，你面对挑战时的自信模样，简直太帅了！
- 👍 你每一次尝试都在散发自信的光芒，为你点赞！
- 👍 宝贝，你勇敢地站在了台上，妈妈为你这份自信点赞！
- 👍 你不仅完成了演讲，台风还非常稳，大家都被你的自信和大方折服了！
- 👍 不管遇到多大的挑战，你都能自信面对，这种态度值得称赞！
- 👍 你今天在演讲中的表现非常出色，充分的准备让你更加自信。
- 👍 通过不断练习，你现在上台更自信了，为你加油！
- 👍 看你坚定的眼神和自信的言辞，就能感受到你的成长和进步。
- 👍 即使紧张，你也能保持自信，一步步完成演讲，真是不容易。
- 👍 这么难的挑战你都能从容应对，说明你内心非常强大。

第四章 夸出好品德，善良勇敢最可贵

- 你今天主持时没有怯场，周身都散发着自信的光芒！
- 你今天的表现很自信，不仅为你的班级争了光，妈妈也为你感到骄傲。
- 今天你获得的成功，跟你的自信发挥脱不了关系，祝贺你！
- 你今天在台上的表现，真像个自信的小明星。
- 你的手工作品不仅富有想象力，还非常精致，你的创意太棒了！
- 今天面对挑战，你主动调整状态，展现出了你很强的适应能力。
- 在面对挑战的过程中，你能保持乐观积极的态度，这很了不起。
- 你的创意很独特，真是个有想法又自信的孩子！
- 你的见解与众不同，真是了不起！
- 你能第一个站起来讲，可见你的自信心爆棚啊！
- 即使出现了失误，你依然能稳定完成后面的比赛，妈妈为你骄傲！
- 你自信应对挑战的样子，给了妈妈很大的惊喜，妈妈为你自豪！
- 宝贝，你能勇敢地挑战自己，不断突破，勇气可嘉。
- 面对困难，你镇定自若的样子，让妈妈看到了你内心的坚定和自信！
- 宝贝，你面对挑战时的从容和自信，让爸爸感到骄傲。
- 这个字挺难写的，你竟然写了几遍就记住了，真棒！
- 宝贝，你的见解太独特了，你真是小小智慧星！
- 宝贝，你能克服紧张，还表现得这么自信，妈妈真为你高兴！
- 我只讲了一种方法，你能给出三种不同的解法，你脑瓜转得可真够快的！
- 宝贝，你帮妈妈收拾的房间好干净，妈妈好幸福，谢谢宝贝！
- 你面对压力时没有被打倒，这种自信让你闪闪发光！

老师和同学的好帮手：
夸孩子乐于助人

情景 重现

　　孩子在学校和生活中，面对他人需要帮助的情况时常常会有不同的表现。当看到同学被难题困扰时，孩子可能会内心纠结，一方面觉得同学需要帮助，另一方面又担心自己能力不够，无法有效地讲解题目，于是犹豫不决，不敢上前。看到老师费力地搬运重物时，孩子可能会在一旁观望，既想帮忙却又不好意思开口或者害怕被拒绝而迟迟未动。如果家长在孩子表现出这种犹豫时没有给予正确的引导，反而忽视孩子内心的挣扎，指责孩子胆小怕事、不懂助人为乐等，那么孩子会觉得自己的这种矛盾心理不被理解。这不仅会让孩子感到自己的行为不被重视，还可能使孩子在以后遇到类似情况时更加不敢伸出援手，久而久之，孩子可能会变得冷漠自私。

第四章 夸出好品德，善良勇敢最可贵

情景 分析

在生活中，孩子会遇到很多能够帮助他人的机会，这些机会就像一颗颗闪闪发光的珍珠，等待着他们去发现和珍藏。这些看似微不足道的小事，实际上是对孩子品德的考验，也是塑造他们优秀品质的关键。

如果家长忽视了这些机会，没有及时对孩子的行为进行积极的引导和鼓励，孩子就可能错过学习如何关心他人、帮助他人的机会，这将会对他们日后建立良好的人际关系产生负面影响，使他们在与人交往的过程中遇到障碍，难以融入集体，难以获得友谊和快乐。

如果家长能够抓住这些机会，对孩子进行及时的引导和鼓励，用温暖的语言和行动去影响孩子，就能帮助他们从小树立乐于助人的意识，养成良好的行为习惯，在孩子心中播撒下一颗善良的种子，这将为他们未来的发展奠定坚实的基础，帮助他们在人生的道路上走得更稳、更远。

这样 夸孩子

- 宝贝，你今天主动帮同学捡书，真是个热心的好孩子。
- 宝贝，你乐于助人，将来一定会收获很多好朋友。
- 你帮助他人时的善良和热情，感染着班上的每一个同学！
- 宝贝，你主动向需要帮助的同学伸出援手的行为，值得表扬！
- 你不仅帮助了同学，还温暖了整个班级，你真是个有爱心的孩子。
- 不管遇到谁有困难，你都能热心帮忙，你真的很善良！
- 你今天帮助同学的表现非常出色，同学们会非常喜欢你的！
- 你去给生病的同学补课，你是个懂得关心同学的孩子！
- 看你真诚的眼神和热心的行动，就能感受到你的成长和进步。
- 虽然自己很忙，但你还能抽出时间帮助同学，真是不容易。
- 这么复杂的同学关系你都能处理好，说明你处理问题的能力非常强！
- 你今天热心地帮助他人，证明你已经学会了关爱他人。
- 你懂得问候受伤的同学，你是个懂得关心同学的孩子。

- 👍 你能够帮同学提箱子，这种助人为乐的行为会感染每一个同学的！
- 👍 你今天帮助他人时的姿态像个小天使。
- 👍 你帮老师布置作业的样子很酷，就像真的是一个小老师！
- 👍 面对他人的困难，你主动提供帮助，展现出了你很强的责任感。
- 👍 在帮助他人的过程中，你能保持耐心，这很了不起。
- 👍 不管遇到什么情况，你都能乐于助人，这种品质值得鼓励！
- 👍 面对他人的请求，你能积极响应，真是热心。
- 👍 今天面对各种困难，你都能保持热心，看得出来你非常有爱心。
- 👍 孩子，你能够帮助同学复习，为他们讲解难题，这乐于助人的模样真像个小老师。
- 👍 你会帮老师收发各种作业，这种精神值得赞扬！
- 👍 宝贝，你能主动帮助他人，不断传递温暖，爱心满满的样子真的很美！
- 👍 在帮助同学的同时，也没落下自己的课程，宝贝，你不仅乐于助人，而且协调能力也很强呢！
- 👍 宝贝，你帮助他人时的细心和耐心，让妈妈感到骄傲。
- 👍 遇到困难时，你没有放弃帮助他人，而是努力想办法，这种坚持的精神值得鼓励！
- 👍 宝贝，你这么乐于助人，未来一定会很幸福。
- 👍 宝贝，你能牺牲自己的时间帮助别人，真是个小雷锋。
- 👍 宝贝，你在学校乐于助人的事迹我都听说了，妈妈为你骄傲！
- 👍 你不仅帮助了眼前的人，还带动身边的人一起帮忙，真是个有影响力的好孩子。
- 👍 你在面对他人的求助时没有犹豫，这种精神值得他人学习。

控制脾气：
夸孩子懂得情绪管理

情景 重现

轩轩，我们下次再买这个玩具好吗？

不嘛，我现在就要。

孩子在日常生活中有时会乱发脾气，表现出糟糕的情绪管理能力，比如，当他们想要的零食没有得到时，便会毫无顾忌地大哭大闹、大喊大叫、跺脚，甚至躺在地上打滚；玩游戏输了的时候，情绪会极度低落，有的孩子还会摔东西来发泄不满；在被批评时，他们往往会顶嘴反抗，丝毫不考虑自己的行为是否恰当……

如果家长在这种情况下采取大声斥责的方式，可能会让孩子感到更加委屈和愤怒，使他们的脾气变得更大；如果家长直接满足孩子的要求，可能会让孩子认为只要自己发脾气就能达到目的，从而在遇到类似情况时使用这种不良的情绪表达方式。错误的处理方式对孩子的成长毫无益处，只会让孩子变得更加情绪化，难以控制自己的情绪。

情景 分析

当孩子情绪失控,甚至做出破坏性行为时,父母的反应非常关键。如果父母采取放任的态度,孩子可能会误以为这种行为是可以被接受的,进而变得更为任性;如果父母过于严厉地批评孩子,孩子可能会感到受压制,产生更多的负面情绪。

面对孩子情绪失控的情形,父母首先要保持冷静,耐心倾听孩子的感受,让孩子感受到自己的情绪被接纳。接着,父母可以帮助孩子识别情绪的根源,并一起探索更为合适的应对策略,例如,当孩子因为在比赛中失败而发脾气时,父母可以这样说:"我知道你现在心情不好,输掉比赛的确让人感到难过。我们一起来总结一下,争取下次做得更好吧。"通过这种方式,父母不仅能够教导孩子如何正确地认识和处理自己的情绪,还能增强孩子管理情绪的信心和动力。当孩子逐渐学会了情绪管理的方法后,他们在面对各种情境时会变得更加理智和成熟。

父母的认可和鼓励是孩子自信和动力的源泉,通过适当的夸奖,肯定孩子的努力和进步,可以帮助孩子建立积极的自我认知,引导他们学会管理情绪,从而在成长的路上更加健康快乐。

这样 夸孩子

- 宝贝,虽然生气,但你也能保持情绪稳定,这真的让妈妈很欣慰。
- 孩子,你遇到事情不慌不忙,情绪如此稳定,真的太厉害了!
- 宝贝,你不喜欢吃这个菜,没有生气,而是直接告诉了我,你学会了表达自己!
- 宝贝,弟弟弄坏你的橡皮,你没有生气,而是告诉他正确的做法,你情绪稳定的样子真美,妈妈为你骄傲。
- 宝贝,你即使很生气,也不乱发脾气,这是一种非常了不起的品质。
- 孩子,你的情绪稳定让家里充满了和谐,你真是个小天使。
- 宝贝,你和小伙伴玩游戏时输了,心里虽然有些失落但没有发脾气,而是微笑着说下次再来,你这种管理情绪的能力真的很棒。

第四章　夸出好品德，善良勇敢最可贵

- 亲爱的孩子，你懂得和妈妈说出你的喜怒哀乐，你懂得了分享和倾诉！
- 宝贝，虽然你很生气，但却不会伤害身边的人，你学会了控制情绪！
- 孩子，你情绪稳定的模样让爸爸感到无比自豪。
- 哇，宝贝，你的情绪稳定为你赢得了更多的机会，加油！
- 宝贝，你需要什么东西时，不哭闹，而是会给出需要的理由，你是个懂得管理情绪的孩子！
- 宝贝，你能这么好地控制自己的情绪，稳定而从容，真的很优秀。
- 孩子，你的情绪稳定是一种智慧，妈妈要向你学习。
- 宝贝，你管理情绪的能力真的很强，让大家都愿意和你在一起玩。
- 亲爱的孩子，看到你不骄不躁，情绪稳定，妈妈感到很踏实。
- 宝贝，妈妈没给你买你想要的玩具，你不仅不哭闹，还理解妈妈，妈妈真的很欣慰。
- 关于看手机的时间，你知道和妈妈商量，你学会处理问题了。
- 刚刚爸爸冲你发怒，你却能和我好好说话，有效沟通，很了不起，爸爸向你学习。
- 同学打坏了你的球拍，你没有生气，而是冷静处理，你做得很好！
- 宝贝，遇到问题你能保持情绪稳定，说明你内心很强大，妈妈爱你。
- 和朋友产生矛盾时，你总能保持冷静，不伤害友谊，这很难得。
- 同学把你的校服不小心弄脏了，你却没有发火，这是有涵养的表现。
- 亲爱的孩子，看到你情绪稳定地与人相处，妈妈很开心。
- 宝贝，你的情绪稳定让你的人生之路更加顺畅。
- 面对同学的诬陷，你能冷静地为自己辩解，不疾不徐，妈妈很欣慰。
- 宝贝，你的情绪稳定，让我们对你充满信心。
- 你生气后懂得通过运动疏解，这点真的值得鼓励。
- 宝贝，想发怒时你知道先让自己冷静下来，这点非常难得！
- 宝贝，你学会了用听音乐的方式疏解情绪，妈妈为你高兴。
- 宝贝，心情不好时你懂得要及时发泄出来，而且不伤害别人，这点做得非常好。
- 亲爱的孩子，看到你心态平和地成长，妈妈感到无比幸福。

爱护小动物：
夸孩子充满爱心，关爱生命

情景 重现

一些孩子在看到受伤的小动物时，会表现出同情、关心和想要帮助的愿望，比如，会给流浪猫喂食，会照顾受伤的小鸟，会为死去的小动物伤心……当孩子跑来告诉家长受伤的小鸟很可怜，家长只是敷衍地"嗯"一声，然后继续忙自己的事情，完全不关注孩子的情绪和想法时；当孩子给流浪猫喂食，家长不耐烦地说"别弄了，脏兮兮的，赶紧回家"，对孩子的爱心行为毫无察觉且加以阻止时；当孩子为死去的小动物伤心哭泣，家长却觉得孩子小题大做，说"有什么好哭的，不就是一只小动物嘛"时，会让孩子觉得自己的爱心并不重要，进而打击他们继续关爱生命的积极性。

情景 分析

很多孩子看见路边的小猫小狗就走不动道，非要凑上前去摸一摸、逗一逗，这是孩子的天性使然，是他们充满爱心、关爱生命的表现。就像小动物们喜欢在大自然中自由自在地生活一样，孩子们对小动物的喜爱也是他们纯真天性的体现。他们对世界充满好奇，对生命

第四章　夸出好品德，善良勇敢最可贵

充满敬畏，而对小动物们的喜爱正是这种纯真和善良的最好诠释。

家长要做的，就是保护孩子的这份童真和善良，并加以正确的引导，让他们懂得尊重生命、爱护生命。家长平时可以多带孩子接触大自然，去公园里、郊外观察小动物的生活习性，教他们如何与小动物友好相处，怎样做才能和小动物成为好朋友。

家长还可以亲自示范如何关爱小动物，比如，在遇到流浪猫时，家长可以轻声呼唤小猫，然后拿出一些干净的食物和水放在小猫面前，让孩子看到关爱小动物的具体行动，同时告诉孩子："看，小猫现在一定很开心，因为我们给它提供了食物和水。我们要一直这样关爱小动物。"

也可以给孩子讲一些关于爱护小动物的故事，带他们一起观看动物纪录片，或者带他们一起参加保护动物的活动，从小培养他们的爱心和责任感。相信在爸爸妈妈的引导下，宝贝们一定会成为充满爱心的小天使！

这样夸孩子

- 你今天照顾受伤小鸟的样子，像个有爱心的小天使。
- 宝贝，你对小动物充满爱心，将来一定能成为善良的使者。
- 你面对受伤的小动物时的爱心和温柔，让我相信你在任何情况下都不会冷漠。
- 宝贝，你能主动关爱小动物，这种行为值得称赞。
- 你不仅照顾了小动物，还学会了如何保护它们，真是个善良的好孩子。
- 你能和朋友一起照顾那两只流浪猫，你真有爱心。
- 你知道吗，宝贝，今天你给受伤的小鸟处理伤口时，浑身都带着光。
- 孩子，你喂小动物的行为，让妈妈看到了你的善良。
- 看到你温柔的眼神和细心的照顾，妈妈充分感受到了你的善良。
- 即使面对困难，你也能保持爱心，救护小动物，真是不容易。
- 曾经那么难照顾的小猫，现在被你呵护得这么温顺，都是因为你富有爱心啊！

- 👍 看你和小狗玩得这么开心，妈妈很感动，你是一个有爱心的好孩子。
- 👍 你细心照顾小兔子的表现，深深地感动了妈妈。
- 👍 今天你帮受伤的小麻雀擦了药，还帮它安了家，妈妈特意为有爱心的你做了好吃的。
- 👍 你给小兔子敷药时的状态，真像一位医生在用心救助一位患者。
- 👍 遇到受伤的小动物，你会主动想办法救助，而不是无视，这种爱心值得鼓励！
- 👍 在不知道如何救助受伤的小猫时，你没有放弃，而是寻求了其他小朋友的帮助，这不仅体现了你的爱心，还展现出了你很强的责任感。
- 👍 在救助受伤小猫的过程中，你能保持耐心，这很了不起。
- 👍 动物是我们的朋友，你能做到不伤害这只青蛙，我感到很欣慰。
- 👍 你那么细致地给小兔子洗澡、喂食，真是细心且耐心。
- 👍 今天看到那条蛇，虽然你很害怕，但是不想别人伤害它，妈妈看到了你的善良。
- 👍 即便存在很多困难，你还是想办法给流浪小狗找到了一个温暖的"家"，妈妈被你的爱心和处理问题的态度感动到了。
- 👍 每次看到你和楼下的流浪猫一起开心玩的样子，妈妈也觉得好开心。
- 👍 宝贝，从你与小狗玩的状态中，妈妈看到了你的爱心和善良。
- 👍 宝贝，你今天用实际行动证明了什么是真正的善良和勇敢。
- 👍 宝贝，你在照顾受伤小狗时的耐心和关爱，让妈妈感到骄傲。
- 👍 遇到小狗受伤，你没有冷漠地走掉，而是在自己能力范围内想尽一切办法帮它处理伤口，宝贝，你让我看到了你的爱心和友善。
- 👍 你的爱和善良就像种子，在周围人的心中也种下了爱与希望。
- 👍 宝贝，你能细心照顾小动物，还告诉小伙伴要关爱生命，真是个小榜样。
- 👍 你不仅懂得照顾小动物，还主动学习如何保护它们的知识，真是个有爱心又善于学习的好孩子！
- 👍 你保护小动物的样子真可爱，你懂得每一个生命都有它的价值。
- 👍 宝贝，相信你保护小动物的这份宝贵的爱心，会让你的人生更加美好！

独立思考：
夸孩子独立，有主见

情景 重现

一些孩子在面对问题时常常表现出缺乏独立思考的能力，比如遇到作业难题，马上就向家长或老师要答案；在选择兴趣爱好时，完全依赖他人的推荐，自己没有任何主见；做决定时总是犹豫不决，一味地等待别人为自己做决定。

如果家长此时立即给出答案或是轻易满足孩子的求助，可能会让孩子更加依赖家长。比如，孩子一喊"这道题我不会"，家长马上就开始讲解，没有引导孩子先自己思考；或者孩子说"我不知道选哪个兴趣班"，家长没有鼓励孩子去了解不同兴趣班的特点后自己做选择，而是马上帮孩子选好；当孩子在做一些小决定时，家长总是直接安排好，不给孩子自己思考选择的机会……如此的做法，只会让孩子变得更加缺乏主见和独立解决问题的能力。

情景 分析

很多爸爸妈妈都知道，从小培养孩子的独立思考能力对他们的未来至关重要，能够让他们更好地适应未来社会的发展和挑战。而在这个过程中，家长要适当地夸奖和鼓励孩子。

1600句 夸出孩子内驱力

夸奖，可以让孩子明白，我们认可的是他思考和解决问题的过程，而不仅仅关注结果本身。当孩子为解决问题而付出努力时，即使结果不尽如人意，我们也应该给予肯定和鼓励，这样才能保护他们探索未知的勇气。

鼓励孩子说出自己的想法，能够帮助他们更好地理清思路，提升表达能力，同时，这也是我们了解孩子内心世界、走进孩子内心世界的桥梁，有助于我们了解孩子的思考方式。每个孩子都是独立的个体，拥有不同的天赋和潜力，要允许他们有自己的想法和选择，即使他们的选择在大人看来并不完美。

要相信孩子，给孩子试错的机会，让他们在尝试中学习和成长，才能真正培养他们的独立思考能力。夸奖孩子要用心，用正确的方法引导，才能帮助他们形成独立思考的习惯，帮助他们在未来成为更自信、更有主见的人！但说起来容易做起来难，到底怎么夸才能让孩子真正形成独立思考的习惯呢？

这样 夸孩子

- 宝贝，你为了选择今天穿哪件衣服，考虑了天气和场合，还搭配了喜欢的颜色，真的很用心呢！这也是你独立、有主见的表现！
- 孩子，你在超市里面对众多零食，没有盲目选择，而是根据自己的口味和营养需求挑选了一款健康的小饼干，你真的很有主见，知道为自己的选择负责。
- 你今天自己收拾了玩具，房间变得好整洁呀！你真是个爱整理的小能手！
- 宝贝，你在准备参加学校的活动时，自己决定要表演一个独特的魔术节目，并且认真准备道具和练习手法，你这种独立自主又充满创意的行为让妈妈深感自豪。
- 你今天自己完成了拼图，真厉害！你这种独立且遇到困难不放弃的精神，太可贵了！
- 宝贝，你今天选择用积木搭建城堡的想法，真有创意！

第四章　夸出好品德，善良勇敢最可贵

- 你遇到问题时，总是能自己先尝试解决，妈妈为你感到自豪！
- 你拥有自己的想法，并能够清楚地表达自己的想法，这点值得称赞！
- 宝贝，你做事情很有条理，不错，就按你的计划一步一步来！
- 你能够勇敢且条理清晰地说出自己的真实想法，妈妈为你感到骄傲！
- 能够倾听别人的意见，做出自己的判断，真是个明辨是非的好孩子！
- 宝贝，你真是个有想法、有主见的孩子！
- 你现在都不用我叫，自己就能起床，已经是个独立的孩子了！
- 你选的故事书真好看，眼光真好！
- 你会自己系鞋带了，真厉害！
- 你决定自己整理玩具，妈妈好高兴，为你加油！
- 你画的画很有自己的想法，颜色搭配也漂亮！
- 你做作业不用家长帮忙，真独立！
- 你能自己选择喜欢的课外活动，真是个有主见的孩子！
- 你能自己决定怎么安排游戏时间，好棒！
- 你提出的不同看法，对大家很有帮助，让大家都学到了新东西！
- 你自己独立选择了兴趣爱好，真是不错，有主见！
- 你自己计划了周末要做的事情，好有条理！
- 你对老师提出的问题有自己不同的见解，并且在课堂上提了出来，这点非常厉害！
- 你决定自己独立解决问题，问题都被你解决了！
- 你选择自己制作一份礼物给朋友，真是个有心又有创意的小朋友！
- 做作业前，你会将作业按先后顺序排好，这种有计划性的安排非常值得赞扬！
- 你敢于提出不同的意见，好勇敢，大家会考虑你的想法的！
- 你为班级活动提出了新点子，一看你就是用心为班级活动进行了策划！
- 你选择了自己想要学习的新技能，真是个勇于尝试的小勇士！
- 你能自己安排假期生活，真是个会规划的小能手！
- 你对于班级规则有自己的看法，并且能够礼貌地表达出来，真是个有自己想法又善于沟通的小朋友！

敢于表达自我：
夸孩子表达能力强

情景 重现

孩子不敢表达自我是常见的现象，比如在课堂上即使知道答案也不敢举手，只是默默低头，生怕被老师叫到；在和陌生人交流时，只会躲在父母身后，红着脸不敢出声；在家庭讨论中，即使有想法也只是用简单的几个词或者用点头、摇头来回应，无法完整地阐述自己的观点。如果家长此时批评孩子胆小，说"你怎么这么没出息，知道答案都不敢说"；或者强行把孩子拉出来，指责孩子"你怎么这么不懂礼貌"；在家庭讨论中看到孩子只用点头、摇头回应，家长不耐烦地说"你到底有没有想法，连句话都说不出来"……这些都会给孩子留下阴影，让孩子变得更加沉默寡言，不敢表达。

情景 分析

很多爸爸妈妈都头疼孩子不敢说话、不愿表达，看到别人家的孩子落落大方，心里羡慕的同时，也在反思自己对孩子的教育方式。其实，想让孩子敢于表达自我，首先要了解孩子不敢表达自我的原因，同时在看到孩子进步的时候，要及时给予适当的鼓励。

我们需要了解孩子为什么不敢或不愿意表达。很多时候，孩子并不是故意沉默，而是因为他们还不知道如何清晰地表达自己的想法。这时候，家长的角色尤为重要。当孩子尝试着表达自己的时候，无论他说得多么简单，或者说得多么磕磕巴巴、不完整，家长都应该给予肯定，哪怕只是简单的点头或微笑，都能让孩子感受到被重视的感觉。

比如，当孩子想要某个玩具时，如果他开始哭泣，家长可以轻声地引导："你想要这个玩具，可以说'妈妈，我想要这个玩具'，这样我就明白了。"这样不仅教会了孩子如何正确地表达需求，同时也增强了他的自信心。

鼓励孩子仔细观察，并用语言描述出来，是提升孩子表达能力的关键。比如，带孩子去公园，可以问问他看到了什么颜色的小花，听到了什么声音，并鼓励他描述出来。

很多孩子不敢表达，是担心说错话被批评。家长要为孩子创造一个安全、包容的表达环境，让孩子明白，即使说错了也没关系，我们永远支持孩子。

夸奖是艺术，也是一种智慧。用对方法夸奖孩子，才能真正激发孩子的表达欲，帮助他们自信、勇敢地表达自我！

这样 夸孩子

- 宝贝，你的想法真的很独特，每次听你说话都让我感到惊喜。
- 你能够清楚地表达自己的感受，这是一种非常重要的能力。
- 在你分享你的观点时，我感受到了你的自信和力量。
- 你用词准确，让人一听就明白你的意思，太厉害了！
- 你总是能找到最恰当的方式来说出你的想法，真是个沟通高手。
- 你能够清晰地表达自己，这会让别人更加尊重你，愿意听你说话。
- 我真喜欢听你说故事，你总能抓住最重要的部分。

- 👍 你不仅会说，还会倾听别人的意见，这才是真正的交流。
- 👍 你能勇敢地说出不同意见，这种勇气值得表扬。
- 👍 宝贝，听你说话是一种享受，因为你总是那么有条理。
- 👍 你的描述非常生动，把我们都带进了那个场景。
- 👍 你很擅长用自己的方式来解释问题，这样大家都容易理解。
- 👍 每次讨论你都能提出新的观点，让话题更有趣。
- 👍 你敢于在众人面前发表意见，这份胆量真令人佩服！
- 👍 你的话语充满了智慧，让人思考很多。
- 👍 你能够用简单的语言解释复杂的概念，真是太棒了。
- 👍 你总能恰到好处地表达自己的情感，这很难得。
- 👍 你的演讲很有感染力，大家都被你的热情吸引了。
- 👍 你很会讲故事，每次都能让我们听得津津有味。
- 👍 你能够很好地把握对方的情绪，知道什么时候说什么话，这点实在难得。
- 👍 你善于用比喻来说明问题，让人一听就懂。
- 👍 你总是能用正面的语言去影响他人，传递正能量。
- 👍 宝贝，虽然你年龄小，但你的发言总是那么有深度，让人受益匪浅。
- 👍 你能够坦诚地表达自己的感受，这是非常难得的品质。
- 👍 你对问题的理解很透彻，表达也很到位。
- 👍 宝贝，你说话逻辑清晰，饱含正能量，大家都愿意听你说。
- 👍 你在表达上很有天赋，总能说到点子上。
- 👍 你不仅会说，还懂得适时停顿，让话语更有力量。
- 👍 你能够用不同的方式表达同一个意思，这显示了你的灵活性。
- 👍 你总能找到合适的时机来表达自己，这展现了你的智慧。
- 👍 你的话语充满了幽默，让人眼前一亮。
- 👍 你能够通过有效沟通来解决问题，这真是一项宝贵的技能。

诚实是最好的品质：
夸孩子为人正直

情景 重现

轩轩，你今天有偷偷打游戏吗？

没有，我一直在学习呢。

生活中，孩子不诚实的表现有很多，比如明明偷偷玩了游戏却谎称一直在学习；拿了小伙伴的东西却不承认；作业没完成却找借口说忘带了……如果此时家长不加以引导，或采取错误的引导方式，比如发现孩子偷偷玩游戏却撒谎时，家长大声责骂孩子"你怎么这么不诚实，以后别想再玩游戏了"；当孩子拿了小伙伴的东西不承认，家长不由分说地指责"你怎么能偷东西呢，真是个坏孩子"；当孩子以忘带作业为借口时，家长直接惩罚孩子多做很多作业，却不关心孩子为什么不诚实……反而会让孩子变得更加不诚实和叛逆，最终难以改正。

情景 分析

很多家长都喜欢夸孩子聪明，但比起聪明，我们应该更看重孩子的诚实品质。诚实看似简单，却是孩子成长路上最宝贵的财富，也是获得他人信任的关键。

如果孩子不小心打碎了花瓶，你没有马上责怪他，而是温柔地问他："宝贝，你能告诉妈妈发生什么事了吗？"他也许会犹豫，也许会害怕，但最终他诚实地告诉了你实情，这时，如果你摸摸他的头，微笑着说："宝贝，谢谢你告诉妈妈真相，妈妈很开心你这么诚实。"你会发现，孩子越来越敢于承担责任，也更愿意分享他的想法和感受，因为他们知道，诚实会得到父母的理解和支持。其实，孩子就像一面镜子，你如何对待他，他就会如何回应你。你真诚，孩子也会对你真诚；你信任孩子，孩子也会信任你。

父母是孩子的第一任老师，想要孩子诚实，自己要做到言行一致。生活中的点滴小事，都是言传身教的好机会。答应孩子的事情要说到做到，犯了错误也要勇于承认，为孩子树立一个诚实的榜样。

当孩子犯错时，不要急于责备，要耐心倾听，给他们一个解释的机会，引导他们说出真相，并帮助他们一起承担责任，也不要一味地包庇和纵容。当孩子表现出诚实的品质时，要及时给予肯定和鼓励，让他们感受到诚实带来的快乐，更加坚定地做个诚实的人。

诚实是金，正直是宝。让我们一起努力，用夸奖培养孩子正直诚实的品质，让他们拥有更加美好的人生！

这样 夸孩子

- 你就像个小太阳，用诚实照亮了我们的心！
- 宝贝，你的诚实就像超级英雄的盾牌，保护着你呢！
- 你真棒，宝贝，你那颗正直的心在闪闪发光！
- 你的诚实就像是彩虹糖，给我们的生活带来了甜蜜。
- 你就像个小小勇士，总是敢于说出真相！
- 你这小诚实豆，让爸爸妈妈的心里暖洋洋的。
- 你真是个诚实的小伙子，从不说谎！
- 你的诚实与正直就像小树苗，每天都在茁壮成长！

第四章 夸出好品德，善良勇敢最可贵

- 👍 宝贝，你的诚实让星星都为你闪烁！
- 👍 你就像故事里的小王子，永远诚实善良。
- 👍 你的诚实像是一颗种子，为你种下了美好的未来。
- 👍 你总是用诚实来守护你的小伙伴，真是个好孩子！
- 👍 你这小诚实宝宝，让我们的世界更加美丽。
- 👍 你就是个小天使，总是用诚实去温暖别人的心。
- 👍 你就像童话里的小英雄，敢于说出真相。
- 👍 你的诚实就像小熊维尼的蜂蜜罐，让爸爸妈妈甜到心里去了。
- 👍 你这诚实的小星星，给我们带来了无尽的快乐！
- 👍 你总是用诚实的小手牵着爸爸妈妈的大手，一起走向光明。
- 👍 一直以来，你用诚实赢得了大家的喜爱。
- 👍 你是个诚实的小骑士，守护着正义和真理。
- 👍 你这诚实的小蜜蜂，用真诚酿造最甜美的蜜。
- 👍 你就像森林里的小鹿，总是那么纯洁和真诚。
- 👍 你这诚实的小精灵，让每一天都充满了魔法。
- 👍 你总是用一颗诚实的心去拥抱世界，真了不起！
- 👍 你就像童话里的公主，用诚实赢得了一切。
- 👍 你主动把捡到的笔交给了老师，这种诚实的行为非常难得。
- 👍 水杯打碎了，宝贝能勇于承认，不撒谎，我很高兴，你是个诚实且有担当的好孩子！
- 👍 你就像花园里的一朵小花，用诚实装点了整个世界。
- 👍 你这诚实的小天使，让每个角落都充满了爱。
- 👍 你就像一颗小小的宝石，因为诚实而更加璀璨。
- 👍 你是个诚实的小画家，用真诚为生活添彩。
- 👍 你这诚实的小种子，将来一定会长成一棵参天大树！

知错就改：
夸孩子勇于承担责任

情景重现

孩子不敢承担责任的表现有很多，比如作业没完成却找借口说是作业太多或者忘记带作业本了；和小伙伴玩耍时不小心弄伤了对方却不敢承认是自己的错，反而沉默不语或者试图推卸责任；在学校违反了纪律被老师批评后，回家不敢告诉家长真实情况，选择隐瞒……

如果家长此时直接指责孩子"你就是偷懒，别找借口"，然后强迫孩子马上补作业，却不引导孩子认识到自己应该承担按时完成作业的责任；当孩子弄伤小伙伴不敢承认时，家长要么一味地袒护孩子，说"肯定不是你故意的，别怕"，要么严厉批评孩子"你怎么这么胆小，做错了事都不敢承认"，而没有引导孩子去面对错误并承担后果……都可能会让孩子更加不敢面对错误和承担责任，让孩子变得更加胆小怕事或者学会逃避责任。

第四章　夸出好品德，善良勇敢最可贵

情景 分析

爸爸妈妈都希望自己的孩子犯了错能勇于承认，并积极改正，所以不少家长在面对孩子有认错的态度时，马上就给予夸奖，希望孩子能知错就改。但很多时候，家长夸孩子知错就改的方式，可能并不一定真的有效。

很多家长习惯于孩子一认错就送上"你真棒""你真是个好孩子"的夸奖，但这种笼统的表扬对孩子来说缺乏指向性，他们可能并不能真正理解家长到底在夸奖什么。

建议家长们试试用更具体的语言描述孩子的行为，比如"你主动和小朋友道歉，说明你很勇敢，妈妈为你骄傲！"这样孩子就能明白，承认错误并努力弥补才是值得被肯定的行为。

有时候孩子可能意识到了错误，也愿意改正，但结果却不尽如人意。这时候家长更要注重肯定孩子的努力，鼓励他们继续尝试。

夸奖孩子的同时，别忘了引导他们思考：为什么会犯错？下次如何避免？可以问问孩子："你认为这次犯错的原因是什么呢？""下次遇到类似的情况，你会怎么做呢？"这样的引导，能够帮助孩子更好地理解自己的行为，并学会为自己的行为负责。

父母是孩子最好的老师，想要孩子知错就改，家长首先要以身作则。当我们自己犯错时，也要坦诚地向孩子承认错误并道歉，为孩子树立勇于承担责任的好榜样。

这样 夸孩子

- 你承认了自己的错误，真是个有担当的小勇士！
- 看来你已经长大了，知道错了就要改正，真棒！
- 犯错没关系，重要的是你鼓起勇气面对它，你是最勇敢的宝贝！
- 你敢于承担自己的责任，这比任何事情都值得表扬！
- 谁都会犯错，但你知道错了，也做了改正，妈妈原谅你了！
- 宝贝，你看，改正错误就像给玩具涂上新的颜色，让一切都变得更

好了！
- 没关系的，我们每个人都会犯错，你愿意改正，这才是最重要的。
- 你学会了从错误中成长，这是多么珍贵的能力呀！
- 你承认错误的勇敢让我们都很骄傲，相信下次你会做得更好。
- 知道自己哪里不对，并且去改正，你比很多大人都要厉害呢！
- 你就像小树苗，在一次次修正中不断茁壮成长，太厉害了！
- 承认错误需要很大的勇气，而你今天就展示了这种勇气。
- 改正错误就像是在画板上添上了最美丽的一笔，让整幅画更加完美。
- 你愿意选择承担责任，这证明你是一个有担当、可靠的朋友。
- 看到你这么快就改正错误，我真的很高兴，你真是个好孩子！
- 你修正错误的方式，表明你心里住着一位真正的英雄。
- 你勇于承认错误，就像太阳驱散了乌云，世界都明亮起来了！
- 你做得很对，承认错误是成为更好的自己的第一步。
- 知错就改的孩子最可爱，你就是那颗最闪亮的星星！
- 你愿意为自己的行为负责，这样的品质实在难能可贵。
- 你把错误变成了成长路上的垫脚石，真聪明！
- 你的诚实让我看到了你的成长，我为你感到自豪。
- 改正是进步的开始，你做得很好，继续加油，宝贝！
- 看到你这样勇于面对错误，我非常开心，你是我们的骄傲！
- 知道错误并改正它，比一直逃避要好得多，你做得非常对！
- 你面对错误的态度，就像彩虹一样美丽，让人对你刮目相看。
- 你选择了正确的方向，这会帮助你成为更优秀的人。
- 你是一个勇于承认错误的孩子，你的未来一定会更加光明！
- 犯了错，改了就意味着成长，你又成长了很多。
- 你不仅认识到了错误，还主动改正，真是太了不起了！
- 你对待错误的态度让我看到了一个成熟的你，真为你感到高兴！
- 你能够主动选择承担犯错的后果，这份担当让你闪闪发光！

第五章　夸出好社交，拥有美好快乐的童年

拒绝朋友不合理的要求：夸孩子有原则

情景重现

孩子在与朋友交往中不会拒绝、缺乏原则，是常见的情况，比如朋友让帮忙在考试中作弊，孩子虽然觉得这样做不对但还是答应了；朋友提议去河里游泳，虽然很危险，但孩子不懂拒绝就跟着去了；朋友让一起嘲笑其他同学，孩子也参与其中……

如果发现孩子不懂拒绝，父母只是简单地批评、责骂孩子"你怎么这么笨""你怎么这么不懂事，不知道危险吗""你怎么这么不善良"……很可能会让孩子更加迷茫，不知道该如何正确处理与朋友的关系，同时也没有自己的原则。

1600句 夸出孩子内驱力

情景 分析

"你怎么这么小气？""玩一下都不行吗？"当孩子因为拒绝朋友不合理的要求被责怪的时候，你有没有觉得孩子很委屈，又不知道怎么教孩子应对？其实，孩子敢于拒绝是件好事！家长要做的是教会孩子如何有原则地拒绝。

首先，我们要肯定孩子的勇气，并夸奖孩子的表达能力。很多孩子因为害怕被拒绝，或者担心失去朋友，即使面对不合理的要求也不敢说"不"。这时候，家长要让孩子明白，拒绝并不代表不友好，而是保护自己的边界。家长要先理解孩子的情绪，再引导孩子表达。

其次，家长要教孩子如何有原则地拒绝。拒绝不等于粗暴，我们可以教孩子用委婉的方式表达，比如"谢谢你的邀请，但我现在更想……""我很想和你一起玩，但是……"等。同时，也要让孩子明白，真正的朋友是互相尊重的，如果对方因为自己的一次拒绝就疏远自己，那这样的朋友也不值得深交。

最后，家长要以身作则，做好孩子的榜样。如果我们自己在生活中总是习惯性地答应别人的不合理要求，那又怎么能要求孩子勇敢说不呢？教会孩子有原则地拒绝，不仅能保护自己，也能让孩子在人际交往中更有底气。

这样 夸孩子

👍 你真是个小机灵鬼，懂得拒绝，还知道什么是自己最想要的！
👍 你坚决拒绝同学不合理要求的样子让我觉得特别骄傲，你做得很好！
👍 你真是个有原则的小朋友，知道自己想要什么。
👍 你是个敢于说"不"的小勇士，真棒！
👍 你拒绝了对方，保护了自己的感受，这个能力非常重要哦。
👍 你做得对，我们要坚持自己认为正确的事。
👍 你真是个小大人了，知道怎么做出更好的选择。
👍 好样的！你拒绝了同学的无理要求，用行动证明了什么是真正的勇敢。

第五章 夸出好社交，拥有美好快乐的童年

- 👍 你的选择很明智，我为你感到高兴。
- 👍 你真是个有原则的孩子，妈妈觉得很踏实！
- 👍 你能够坚定地表达自己的想法，真的很厉害。
- 👍 你懂得保护自己，这是成长中非常重要的一步。
- 👍 你懂得尊重自己的真实感受，不委曲求全，这点在成长和生活中非常重要，妈妈为你骄傲。
- 👍 你做出了正确的决定，我为你点赞！
- 👍 你不仅聪明还很有勇气，学会了拒绝，爸爸妈妈都为你骄傲。
- 👍 你懂得明辨是非，这样的你最迷人。
- 👍 你懂得坚持自己的原则，拒绝和同学一起去河里游泳，妈妈支持你。
- 👍 你能够坚守自己的立场，真了不起！
- 👍 你没有直接拒绝他，而是委婉地说了自己的理由，体现了你的智慧，继续保持。
- 👍 你拒绝了陌生人的请求，保护了自己，妈妈很欣慰。
- 👍 你拒绝对方时的坚决态度，表现得像个成熟的大人，值得表扬！
- 👍 你今天没有让妮妮玩你的玩具，妈妈知道那是你最珍视的玩具，拒绝她，你没有错，妈妈支持你。
- 👍 你知道那种行为不对，而拒绝和同学一起参与，你做得很好。
- 👍 你已经长大了，懂得拒绝了，也学会如何保护自己了，爸爸妈妈很欣慰。
- 👍 你是个懂得说"不"的小勇士，妈妈为你自豪。
- 👍 你做得太好了，能够拒绝不合理的要求！
- 👍 你的决定是正确的，让自己不舒服的要求就要坚决拒绝，妈妈永远支持你，宝贝。
- 👍 你能坚持自己的原则，维护自己的界限，这是非常重要的能力，非常棒。
- 👍 你能够坚持自己的观点，不随波逐流，这是非常重要的能力。
- 👍 你懂得拒绝，懂得自我保护，做得很好。
- 👍 你能够坚决拒绝，并做出这样的决定，说明你已经长大了。
- 👍 你有原则，有主见，你是让妈妈放心的好孩子。

慰问生病的同学：
夸孩子懂得关心他人

情景 重现

面对同学生病的情况，孩子们的反应各不相同。有些孩子完全沉浸在自己的世界里，对同学的不舒服毫无察觉，依旧玩耍打闹、专注于自己手头的事情；有些孩子即便看到同学生病，也只是冷漠地瞥一眼，便转头不再理会。然而，有些家长在看到孩子对生病同学漠不关心时，只是轻描淡写地说一句"别管别人，顾好你自己就行"，或者完全不提及此事，当作没看见孩子的冷漠行为，没有给予任何的引导和教育。这样的做法会让孩子更加不懂得关心他人，甚至会让他们觉得关心他人是一种多余且不必要的行为。

情景 分析

很多爸爸妈妈因为孩子不懂关心同学、关心长辈而烦恼，这时我们要引导孩子真正理解关心他人的意义，并且通过夸奖等方式鼓励孩子学会关心他人。

首先，我们要和孩子谈谈感受。可以问问孩子："你看到小朋友生病了，心里是什么感觉呢？如果生病的人是你，你希望同学怎么对待你呢？"通过换位思考，孩子更容易理解生病同学的感受，也更能体

第五章 夸出好社交，拥有美好快乐的童年

会到关心他人的重要性。

其次，我们可以和孩子一起选择合适的慰问同学的方式。除了送上祝福和礼物，还可以鼓励孩子和同学聊聊天，让孩子给同学讲讲学校里的趣事，甚至可以和同学一起玩一些轻松的游戏，帮助他暂时忘记病痛，感受快乐。

最重要的是，我们要让孩子明白，关心他人不是一时的行为，而是一种持之以恒的态度。生病的时候需要关心，平时也要互相帮助，互相友爱。

家长夸奖孩子慰问生病的同学，不仅仅是肯定孩子的行为，更是在传递一种价值观：关心他人是一种美德。当孩子感受到这种价值观的引导，他们就会更愿意去帮助别人，去传递温暖和爱。

一个懂得关心他人的孩子，更容易获得友谊和尊重。他们会在与人交往中更加自信、乐观，也会更懂得感恩和珍惜。让我们一起鼓励孩子，从小事做起，用实际行动去关心他人，成为一个温暖善良的人吧！

这样夸孩子

- 你给小伙伴带去的水果，肯定让他甜甜地笑了。
- 你给朋友做的小贺卡，上面画的小猫太可爱了，朋友看到一定会忘记伤痛的。
- 你特意带了朋友喜欢的漫画书，真是贴心！
- 你每天一放学就去看望朋友，这份心意比什么都重要。
- 你带去的彩色气球，让整个病房都变得温馨了，朋友看了，心情一定好很多。
- 你亲手做的小星星，就像夜空中最亮的星，给朋友带去了希望。
- 你给朋友画的笑脸，他看了也会跟着笑的，他会感受到你的温暖的。
- 你给朋友做的手工小礼物，虽然简单，但是充满了爱，朋友一定很珍惜。
- 你对朋友说的每一句"加油"，就像给他打了一针强心剂，让他更有信心和勇气面对病痛。
- 你给朋友带去的零食，是他最爱吃的，你真是细心的小朋友。

1600句 夸出孩子内驱力

- 你用你的玩具车给同学带去快乐，他一定会很快好起来的！
- 你为小飞做的加油卡片，他看了肯定会感受到其中的力量的。
- 你就像是童话故事里的小精灵，总是能在别人最需要的时候出现。
- 你用画画的方式表达了对朋友的关心，这份用心就像彩虹一样绚烂多彩。
- 你送给同学的手工折纸鹤，每一只都承载着你美好的祝愿，这比其他任何礼物都要珍贵。
- 你愿意花时间陪伴生病的朋友，这份陪伴就像是一首温馨的摇篮曲，能让朋友安心。
- 你那张写着"早日康复"的卡片，不仅仅是一张纸，它代表的更是你满满的爱心和支持。
- 你主动提出要帮同学补课，这份乐于助人的精神就像一盏灯，照亮了前进的道路。
- 你把最喜欢的书借给同学，希望能带给他快乐，病床上的同学会从这份分享的精神中获得对抗病痛的力量。
- 你提议周末一起去探望同学，让他知道有人在想着他，同学会感激于你们的关心的。
- 你为病床上的同学做的每一件事都充满了真心，这份爱纯洁而美好。
- 我为你感到骄傲，因为你懂得问候同学，他一定感受到了你的关心。
- 你能注意到同学不舒服，还主动帮助他，这样的行为值得表扬！
- 你每天都能与病床上的同学视频聊天，让他感受不孤单的行为很暖心。
- 你给同学分享你的笔记，帮助他补课，真是个乐于助人的好孩子。
- 你每天都能将学校的趣闻分享给病床上的同学，让他感觉就像和你们在一起一样，这种对同学的关心值得鼓励。
- 你的举动证明了友谊的力量，让每个人都觉得被珍惜。
- 你是个值得信赖的朋友，总能在朋友需要的时候出现。
- 你关心同学的行为是所有孩子的榜样，我们都为你感到骄傲。
- 你小小年纪就懂得关心他人，真是太棒了。
- 你总是那么贴心，能够设身处地为别人着想。
- 同学身体不舒服，你能够做到感同身受关心他，这是很难得的品质。

准时参加朋友的聚会：
夸孩子重视承诺

 情景 重现

不少孩子常常会因为一些原因违背承诺，比如，答应了朋友一起做手工，可看到新出的一款游戏后，就把和朋友的约定忘得一干二净；可能觉得承诺并不重要，可以随意违背；也可能是以自我为中心，比如答应了把自己的玩具借给小伙伴，可当小伙伴来借时，又舍不得给。看到孩子不遵守承诺，家长可能会大发雷霆，严厉批评孩子，让孩子感到恐惧和委屈；有的家长觉得这只是小事，简单说几句就不再追究；还有的家长自己在生活中就经常不遵守承诺，却要求孩子做到，这会让孩子感到困惑，不知道该怎么做……这些错误的处理方式都可能会使孩子变得更加不负责任和不可信赖。

轩轩，马上到你和朋友的约定时间了，你还不出门吗？

不急，时间还早呢。

情景 分析

家长都希望自己的孩子能够重视承诺，但当面对孩子违背约定的时候又不知道如何纠正孩子，此时及时且正确的夸奖就显得尤为重要了。

夸奖可不是简单说"你真棒"，要夸到点子上才能让孩子感受到遵守承诺的重要性。比如，孩子按时参加了朋友的聚会，我们可以这样说：“宝贝，你今天能准时赴约，说明你是一个很守信用的孩子，妈妈为你感到骄傲！”在这句夸奖中，我们不仅肯定了孩子的行为，更点明了行为背后的品质——守信用。孩子明白了这一点，就会更加珍视自己的承诺，也会更加努力地去维护它。

我们还可以通过夸奖孩子在活动中的积极表现，来强化他重视承诺的意识。比如，孩子在聚会上和朋友们玩得很开心，我们就可以说：“宝贝，你今天和朋友们玩得真开心，看来你很享受和大家在一起的时光，妈妈相信你下次也会准时赴约的！”这样，我们就将"按时赴约"和"享受快乐"联系在了一起，孩子也会更加期待下一次的聚会，更加愿意遵守承诺。

总而言之，夸奖是门技术活，夸到点子上才能事半功倍。希望爸爸妈妈们都能成为孩子成长路上的鼓励者，用爱和智慧引导孩子成为更棒的自己！

这样 夸孩子

- 我很高兴看到你能够准时到达聚会地点，这体现了你对友谊的重视。
- 你能够遵守与朋友的约定，我为你感到骄傲。
- 按时赴约是一种负责任的表现，你做得很好！
- 你总是记得和朋友们的约定，这是个非常好的习惯。
- 看到你能尊重别人的时间，真是太棒了。
- 守信是交朋友的重要基础，你做得非常出色。
- 你不仅准时到达，还提前做好了准备，这种态度值得表扬。
- 你对朋友聚会的重视让我很欣慰，继续加油！
- 准时赴约说明你是一个值得信赖的人，继续保持哦。
- 每次聚会你都能按时出现，朋友们一定很喜欢这样的你。
- 能够遵守约定，说明你是一个有责任感的孩子。
- 你按时参加聚会，让大家都感到很高兴。
- 看到你这么守时，妈妈真的很开心。

第五章　夸出好社交，拥有美好快乐的童年

- 👍 你懂得珍惜每一次相聚的机会，这是很难得的品质。
- 👍 你很重视朋友，这对你的成长和未来会有很大的帮助！
- 👍 你每次都能做到按时赴约，真是我们的好榜样。
- 👍 能准时参加聚会不仅让朋友们开心，也体现了你的礼貌。
- 👍 你对聚会的投入和认真，让我们看到了你的成长。
- 👍 能够按时参加朋友的活动，说明你很看重与朋友间的友情。
- 👍 你总能遵守约定，这是对自己和他人的尊重。
- 👍 准时赴约是对朋友最好的礼物，你做到了！
- 👍 你总是那么守时可靠，朋友们肯定都很信任你。
- 👍 守时是一种美德，你具备了这种品德，非常棒！
- 👍 你能够遵守与朋友的约定，证明你是个讲信用的好孩子。
- 👍 你能按时赴约，不仅让聚会更顺利，也给你的形象加分不少。
- 👍 能够按时参加聚会，说明你在时间管理方面很有能力。
- 👍 你总是那么守信用，这让爸爸妈妈都很安心。
- 👍 你能够准时到达，说明你对这次聚会非常重视。
- 👍 你对承诺的重视，让我们看到了你的成熟。
- 👍 能够遵守约定，说明你是一个让人放心的朋友。
- 👍 你总是能够准时赴约，这种精神值得赞扬。
- 👍 按时参加聚会，展示了你良好的时间观念，继续保持！

学会考虑朋友的感受：
夸孩子懂得换位思考

情景重现

妈妈，我的朋友不借给我漫画书，我讨厌他！

你的朋友也很想看那本漫画书呀。如果你是他，你会怎么想呢？

　　一些孩子在与朋友交往时常常只关注自己的需求，完全忽略朋友的感受，比如，在玩游戏时，一心只想着自己赢，根本不顾及朋友是否失落难过；在分享物品时，即便朋友非常渴望，也因为舍不得而坚决拒绝，丝毫不考虑朋友的失望。有些家长看到孩子不顾及朋友感受时，可能会选择视而不见，觉得这只是小孩子之间的小问题。其实这种放任不管的态度会让孩子认为自己的行为是被默许的，从而更加肆无忌惮地只考虑自己。还有些家长可能会过于严厉地批评孩子，指责孩子不懂事、自私自利。这样的批评可能会让孩子感到害怕和委屈，但却不一定能让他们真正理解为什么要考虑他人感受，甚至可能会让孩子产生逆反心理，更加不愿意去顾及他人的感受。

第五章　夸出好社交，拥有美好快乐的童年

情景 分析

家长夸奖孩子会考虑他人的感受、懂得换位思考，不仅是对孩子良好行为的认可，更是对孩子社交能力和情感智慧的一种鼓励。这种方式有助于培养孩子的同理心和社会适应能力，使他们在与人交往中更加成熟稳重。不过，家长的夸奖要注重方式方法。

正确的夸奖方式应该具体而真诚。例如，"轩轩，我看到你主动把自己的玩具借给小明玩，这说明你很关心他的感受。你能够站在他的角度思考问题，真是一个善解人意的好孩子。"这样的夸奖不仅指出了孩子的具体行为，还强调了行为背后的价值观——关心他人和换位思考的重要性。

家长可以通过日常生活中的小事来教育孩子如何进行换位思考。比如，在孩子帮助弟弟妹妹或者与同学分享零食时，家长可以及时给予正面反馈："你看，当你帮助弟弟穿鞋的时候，他很开心，你也觉得很快乐吧？这就是帮助别人的美好之处。"这样的夸奖让孩子明白，关注他人的感受可以带来双赢的结果。

最后，夸奖孩子懂得换位思考的作用在于，它能够帮助孩子建立起积极的自我形象，增强他们的自信心。当孩子意识到自己能够理解和影响他人的情感时，他们会更加自信地去建立健康的人际关系，同时也能够在面对冲突时采取更加成熟的态度，寻找解决问题的方法。

总之，家长通过恰当的夸奖方式，不仅可以激励孩子继续保持良好的行为习惯，还能有效地促进孩子情感智力的发展，为他们未来的人际交往打下坚实的基础。

这样 夸孩子

👍 宝贝，你能考虑到朋友的心情，主动退让，真是太贴心了！

👍 你今天在游戏中照顾了小伙伴的感受，像个温暖的小太阳。

👍 宝贝，你面对朋友的需求能及时回应，懂得换位思考，真棒！

👍 你能理解朋友的难处并给予帮助，这份善良让人感动。

- 👍 宝贝，你在分享时想到了朋友的渴望，太会为他人着想了。
- 👍 你看到朋友不开心，主动去安慰，真是个善解人意的好孩子。
- 👍 宝贝，你在做决定时询问朋友的意见，这是懂得换位思考的表现。
- 👍 你能站在朋友的角度思考问题，解决矛盾，非常了不起。
- 👍 宝贝，你考虑到朋友的能力，调整游戏难度，很有同理心。
- 👍 你主动把自己喜欢的东西分享给朋友，这份大度值得赞扬。
- 👍 宝贝，你在朋友犯错时选择宽容，这是换位思考的美好品质。
- 👍 你能体会朋友的紧张，给予鼓励，真的很温暖。
- 👍 宝贝，你今天的表现让大家看到了你的体贴和理解。
- 👍 你在玩游戏时会等待朋友准备好，这是会照顾他人感受的表现。
- 👍 你看到朋友累了，主动提议休息，朋友会感激你的善解人意。
- 👍 你能想到朋友可能会喜欢的礼物，这份用心很难得。
- 👍 宝贝，你在朋友遇到困难时，毫不犹豫地伸出援手，很有爱心。
- 👍 你了解朋友的兴趣爱好，还和他一起参与，非常棒。
- 👍 宝贝，你在讨论问题时能认真倾听对方的观点，这是尊重他人的表现。
- 👍 你能考虑到朋友的时间安排，调整自己的计划，很会为他人着想。
- 👍 面对同学的优异成绩，你能真诚祝贺，同学会很开心的。
- 👍 你看到朋友伤心，能给予默默的陪伴，很会关心他人。
- 👍 同学不小心弄脏了你的衣服，你选择了原谅，这份大度让人佩服。
- 👍 你能体会朋友的压力，给予支持，真的很贴心。
- 👍 宝贝，你在朋友需要鼓励时及时送上了温暖的话语，太善良了。
- 👍 你理解朋友的担忧，一起想办法解决，很有责任感。
- 👍 宝贝，你在朋友感到孤独时给了他陪伴，非常有爱。
- 👍 你能想到朋友的特殊情况，给予照顾，这份细心很珍贵。
- 👍 宝贝，你巧妙地化解了朋友的尴尬，很会为人着想。
- 👍 你对朋友的努力给予了肯定，这份鼓励很有力量。
- 👍 宝贝，你在朋友需要安静时保持了安静，很会为他人考虑。
- 👍 你懂得为朋友考虑，理解朋友的难处，这份情谊让人羡慕。

和朋友分享快乐：
夸孩子乐于分享，慷慨大方

情景 重现

一些孩子在面对自己喜欢的东西时常常表现出强烈的占有欲，坚决独占，拒绝分享，比如，有好吃的零食时，会迅速藏到自己的小柜子里，生怕被别人看到；有好玩的玩具时，紧紧抱在怀里，谁靠近就大声喊叫；有新的书籍时，直接把书压在自己身下，拒绝任何人靠近。当孩子不愿意分享时，父母可能会大声斥责孩子"你怎么这么小气""你不分享就没人喜欢你"等话语，甚至强行夺走孩子的东西直接分享给别人。这样的做法会让孩子感到委屈和恐惧，对分享产生更大的抵触情绪。

情景 分析

当孩子懂得与朋友一起分享时，家长能够给予及时的夸奖，是一种积极正面的育儿方法，它不仅能够促进孩子的社交技能发展，还能帮助孩子建立自信和同理心。正确的夸奖方式应该注重具体行为，而不是笼统地表扬孩子"聪明"或"好"，这样能够让孩子明确知道哪些行为是受到鼓励的。

　　家长在夸奖孩子时应当具体指出孩子值得夸奖的行为，比如："轩轩，你愿意和朋友分享你的玩具，真是太棒了！你让他们也感到很开心。"这种具体的夸奖能够帮助孩子理解分享的具体行为是如何影响他人的，从而增强他们的同理心。

　　夸奖时应强调分享所带来的正面结果。例如："你看，当你把你的积木给朋友玩的时候，他多高兴啊！你们两个一起建了一个这么大的城堡。"通过这种方式，孩子会意识到分享不仅仅能让别人感到快乐，也能让自己收获更多的乐趣和成就感。

　　家长自身的榜样作用也不可忽视。孩子们往往会模仿大人的行为，因此家长在日常生活中也要展现出乐于分享的一面，比如与邻居分享食物，或是捐赠不再使用的物品给需要的人。通过言传身教，孩子将更容易理解和接纳分享的意义。

　　总之，家长以正确的方式夸奖孩子分享的行为，不仅能强化这种行为，还能帮助孩子建立起积极健康的人际关系，培养出乐于助人、慷慨大方的美好品质。

这样 夸孩子

👍 你把最喜欢的玩具都分享给朋友一起玩，真是个超级棒的小伙伴！

👍 看到你分饼干给小朋友，我的心都融化了，你太暖啦！

👍 你真是个懂分享、大度的小绅士，大家都想和你做朋友！

👍 你能把最爱的故事书借给同学，同学一定会敬佩你的慷慨的！

👍 你这么大方，连太阳公公都给你点赞呢！

👍 你懂得分享快乐，真是个超级贴心的小甜心。

👍 你每次分享的时候，就像个小太阳一样照亮大家！

👍 你这么慷慨，小伙伴们肯定都喜欢跟你玩！

👍 你就像个小天使，总是想着别人！

第五章　夸出好社交，拥有美好快乐的童年

- 👍 你愿意把自己喜欢的糖果给大家，真是太慷慨了！
- 👍 你对朋友的关心，就像小熊维尼的蜂蜜一样甜蜜！
- 👍 你是个超级有爱的小朋友，总是愿意跟别人分享你的东西。
- 👍 你总是先想到别人，你的好心肠比彩虹糖还要甜！
- 👍 你给同学讲述了你的解题思路，体现了你的分享精神。
- 👍 你这么大方，你的朋友肯定都超爱你！
- 👍 你把快乐分享给每个人，你就像派对上的气球一样受欢迎！
- 👍 你是个超级好朋友，愿意把所有的好东西都拿出来分享！
- 👍 你不仅分享玩具，还分享笑容，真是个小太阳！
- 👍 你让这个世界变得更美好，因为你总是那么愿意分享！
- 👍 你对待朋友就像对待最好的宝物一样，愿意无私地分享一切。
- 👍 你是个超级会分享的小大人！就像孔融让梨一样值得大家学习。
- 👍 你愿意把自己的东西拿出来分享，简直太酷了！
- 👍 你愿意跟大家一起分享你的成就，真是个好榜样！
- 👍 你这么慷慨，肯定是大家最喜欢的好朋友！
- 👍 你总是那么乐于分享，分享也给你带来了更多的快乐！
- 👍 你总是那么体贴，愿意与人分享快乐，你是最棒的！
- 👍 你真是个乐于分享的小朋友，大家都要向你学习！
- 👍 你懂得分享，让周围的人都感到了幸福！
- 👍 你愿意把自己的快乐传递给他人，真是个快乐的小使者！
- 👍 你愿意分享的表现证明了你是一个真正的好朋友！
- 👍 因为你愿意分享解题思路和方法，全班同学都解出了那道题，妈妈真为你感到开心。
- 👍 不管是学习方法，还是活动的策划创意，你总是愿意和同学们一起分享，这让你更受大家信赖和认可。

包容朋友的缺点：
夸孩子包容他人

情景 重现

一些孩子在面对小伙伴的错误或缺点时常常表现出极度的生气，给出尖锐的指责，或者冷漠处理，不理睬对方。比如，衣服被小伙伴不小心弄脏，有些孩子就会大声哭闹并要求小伙伴立刻赔偿；小伙伴说话声音大时，会愤怒地捂住耳朵并让小伙伴闭嘴；小伙伴动作慢时，会不停地催促甚至嘲笑对方。如果家长此时和孩子一起抱怨小伙伴"他怎么这么不小心""他太吵了，真让人讨厌"等话语，甚至帮着孩子去指责小伙伴，会让孩子更加坚定地认为不包容是合理的行为，进而严重影响到他们的人际关系发展。

情景 分析

心理学研究表明，孩子进入小学后，同伴关系会逐渐成为影响其社会化发展的重要因素之一。孩子会渴望融入集体，获得同伴的认可

第五章 夸出好社交，拥有美好快乐的童年

和接纳，而"包容"和"理解"正是建立良好同伴关系的关键。

当然，包容并不等于毫无原则地纵容，家长需要引导孩子掌握正确的包容方式。当孩子因为朋友的错误而被家长误解时，家长首先要肯定孩子的善良和友爱之心，比如："我知道你很善良，是希望朋友能好好的，对吗？"接着，引导孩子说出自己的真实感受，例如："你觉得朋友这样做对吗？你心里是怎么想的呢？"

家长要帮助孩子明辨是非，让孩子明白什么是对的，什么是错的，不能因为是朋友就模糊了对错的界限，而对朋友无限包容。可以通过讲故事、角色扮演等方式，引导孩子思考如何处理类似问题。

仅仅包容是不够的，家长还要教会孩子正确地表达自己的想法，既可以维护自己的界限，又能引导朋友改正错误。例如，可以鼓励孩子用温和而坚定的语气告诉朋友："这样做是不对的，我希望你能改正。"

包容是一种美德，它能让孩子收获更深厚的友谊，拥有更强大的内心。让我们一起努力，引导孩子成为一个懂得包容、明辨是非的人！

这样夸孩子

- 你能够理解和接受别人的不足，真是个心胸宽广的孩子。
- 我很欣赏你能看到朋友的优点而不是只盯着他的缺点，这是一种了不起的品质。
- 你能包容朋友的缺点，这点真的很了不起。
- 你能够理解每个人都有自己的独特之处，这种见解让人敬佩。
- 你的宽容让朋友们感到温暖，你是一个值得交往的朋友。
- 你对朋友的支持和理解，让妈妈都觉得好温暖。
- 你用你的包容心为友谊增添了色彩，真是太好了。
- 你能够容忍别人的小错误，这显示了你的成熟。
- 能够看到每个人的独特之处，并且接受它们，你是那么的特别。
- 你不仅接受了朋友的全部，还帮助他们成长，这才是真正的友谊。
- 你对待朋友的态度就像阳光一样，无论何时都能照亮大家。
- 你能够做到不因朋友的迟到而生气，这展现了你的大度。

- 你的耐心和包容让你成了大家的好朋友。
- 你总是能看到事物的美好面，这是多么难得的品质啊！
- 你的包容让友谊更加坚固，你做得很好。
- 你能够体谅朋友的感受，这是非常难得的品质。
- 你总能看到朋友的优点，这种能力非常宝贵。
- 你的包容不仅让朋友感到舒适，也让你自己更加快乐。
- 你愿意倾听朋友的心声，即使他们有缺点，你依然是他们的依靠。
- 你用行动证明了什么是真正的包容，你是一个好榜样。
- 你总是那么善解人意，这样的态度会吸引更多的朋友。
- 你能够以一颗平和的心去面对朋友的不足，这份淡定真让人羡慕。
- 你对朋友的包容体现了你的大度和善良。
- 你能够给予朋友足够的空间和支持，让他们感受到了自由和被爱。
- 你以包容心对待朋友的方式让我们看到了什么是真正的友谊。
- 你用你的包容教会了身边人如何更好地与人相处，妈妈为你骄傲。
- 你能够发现并珍惜朋友身上的闪光点，这种能力很难得。
- 你总是那么宽容，这让人们更愿意靠近你。
- 你能够以积极的态度看待朋友的不完美，这种心态值得学习。
- 你的包容让你的团队更加和谐，你就是你们小团队的灵魂。
- 你能接纳朋友的缺点，并引导她改正，你是最好的伙伴。
- 你用你的言行展示了什么是真正的包容精神，大家都应该向你看齐。

朋友的倾诉对象：
夸孩子懂得倾听

情景 重现

轩轩，刚才你的同学在跟你说话，你没听见吗？

哦，我刚才走神了，她说什么？

　　在生活中，孩子不懂得倾听他人话语的情况时有发生，有些孩子在别人说话时极为不耐烦，不停地摆弄物品或左顾右盼；有的孩子会随意打断别人，急于表达自己的观点；还有些孩子注意力严重不集中，看似在听，实则思绪早已飘远。比如，在与家人交流时，常常不等家人说完就插嘴，完全不顾及他人的感受；在学校里，老师讲课或同学发言时，他们要么发呆，要么悄悄与周围同学讲话开小差。如果家长此时只是一味地用"你怎么这么没礼貌，总是打断别人说话""你能不能专心点，别总是走神"等批评、指责孩子，可能会让孩子产生抵触情绪，更不愿意倾听别人，甚至变得更加孤僻和自我，影响他们的性格发展和心理健康。

情景 分析

　　当孩子学会倾听时，他们不仅能够在日常生活中更好地理解他人，还能发展出一种重要的社交技能——共情，即站在他人的角度思考问题的能力。

家长可以通过夸奖的方式更好地促进孩子这一品质的发展。正确的夸奖方式首先要具体而真诚。家长可以说："宝贝，今天叔叔跟你说话的时候，你一直专注地看着他，认真地听他讲完，还适时地给出回应，这特别棒。"明确指出孩子具体的倾听行为，让孩子知道自己哪些举动是正确的。

其次，可以将倾听与良好品质挂钩，如"你这么会倾听，说明你很善良、有耐心，懂得尊重别人。"让孩子明白倾听不仅仅是一种行为，更是一种美德。

再者，对比孩子的进步进行夸奖，"你比以前更会倾听了，以前可能会走神，现在能这么专注，真是成长了。"强调孩子的努力和成长，增强他们的自信心。

在倾听他人的过程中，孩子能够站在别人的角度思考问题，理解他人的感受和需求，这对于孩子的情感发展至关重要。同时，通过倾听不同的观点和故事，孩子可以拓宽视野，丰富自己的内心世界，提升自我认知。

这样夸孩子

- 👍 你是一个非常出色的倾听者，你的朋友们一定觉得跟你聊天很舒服。
- 👍 你总是那么耐心地听别人说话，真是个难得的好朋友！
- 👍 你知道吗，在你认真倾听别人的时候，妈妈看到你的眼睛里充满了理解和关心。
- 👍 你的耳朵像磁铁一样吸引着别人的倾诉，这是一项宝贵的技能。
- 👍 你让朋友感到他们的讲话被重视，这种品质太珍贵了。
- 👍 每次看到你专注地听别人说话的样子，我都觉得特别温暖。
- 👍 你能准确地捕捉到别人话语中的情绪，真是一位细心且懂得倾听的朋友。
- 👍 你给朋友提供的不仅是耳朵，更是一颗理解的心。

第五章 夸出好社交，拥有美好快乐的童年

- 你的倾听让人感觉被尊重，这是建立友谊的重要基础。
- 你用行动证明了倾听也是一种支持，朋友们都很感激你。
- 你总能恰到好处地给予回应，让人感到被听见，这都是你善于倾听的结果。
- 你的耐心和同理心让你成了朋友间最好的倾听者。
- 你能够全神贯注地听别人说话，这样的朋友谁不想要呢？
- 你总能从朋友的话中听出他的真实需求，这种善于倾听的能力值得鼓励。
- 你的倾听不仅仅是听，更是对他人情感的一种呵护和重视。
- 你的倾听总能让别人感到安心，愿意向你敞开心扉。
- 在这个快节奏的世界里，你能够静下心来倾听对方，真的很棒。
- 你的耳朵是最安全的港湾，朋友们都愿意在这里停泊。
- 你懂得在合适的时候保持沉默，这是很难得的。
- 你能感受到对方的言外之意，这也是倾听的重要之处。
- 因为你善于倾听，你总能以最快的速度捕捉到对方的真实情绪，这是一种很强大的能力。
- 你是一个天生的倾听者，你让交流变得更有意义。
- 你给朋友的建议总是基于你对他们感受的深刻理解。
- 你用耳朵去听，用心去感受，这让人们更加信任你。
- 你不仅听到了话音，还听懂了背后的情感，真是个好孩子。
- 你总能在恰当的时刻给出安慰，让朋友感到温暖。
- 你让别人感觉到自己的话被重视，这是一种强大的力量。
- 你用倾听架起了与朋友之间的桥梁，这份能力值得称赞。
- 你对朋友的关心体现在每一次认真的倾听中。
- 你懂得倾听的力量，这是人际交往中最宝贵的财富。
- 你用耳朵倾听，用心沟通，朋友有你真是太幸运了。
- 你总能在倾听中找到帮助他人的方法，这体现了你的用心和智慧。

善于与他人协作：
夸孩子团队合作能力强

情景 重现

轩轩，今天学校的足球比赛怎么样？

我们队今天配合得很不好，没有赢得名次。

在团队合作过程中，有些孩子以自我为中心，完全不顾及他人的感受和需求。比如：在小组作业中，只想着自己如何快速完成任务，根本不考虑团队整体目标，甚至打乱团队的节奏；不愿意配合他人，坚持按照自己的想法行事；在团队活动中不懂得沟通协调，遇到问题要么沉默不语，要么乱发脾气，无法与队友有效地交流以解决问题。

面对孩子以自我为中心的表现，如果家长此时只关注孩子个人的能力提升，不重视孩子团队合作的培养，对孩子说"你只要自己做好就行了，别管别人"；或者在孩子与队友产生矛盾时，一味地偏袒自己的孩子，说"肯定是他们不对，你不用理他们"，这样会让孩子更加忽视团队合作的重要性，难以融入集体，进而影响他们在未来社交和工作中的发展。

第五章　夸出好社交，拥有美好快乐的童年

情景分析

从小培养孩子的团队合作能力，对孩子未来的学习、成长，甚至长大后的工作都有巨大好处！那么，当孩子在玩游戏、做项目中表现出很棒的团队合作能力时，家长应该如何夸奖才能真正起到鼓励作用呢？我们可以试试这样说："宝贝，我看到你刚才和小朋友们一起搭积木，你主动把最大的那块给了小明，还帮助他一起拼装，最后你们一起完成了出色的作品，真是太棒啦！"

这样一来，我们就不仅仅是夸奖了结果，更重要的是让孩子明白，我们看到了他的努力和付出，认可他的行为和方式，同时也强调了团队合作的快乐和意义。通过这样的引导，可以让孩子更深入地理解团队合作的作用，激发他们思考和探索，不断提升自己的团队合作能力！

另外，善于团队合作的孩子更容易融入集体，与他人建立良好的关系。在学校里，能和同学愉快地合作完成各种任务，提高学习效率和社交能力；在未来的工作中，也能更好地与同事协作，取得职业上的成功。同时，通过团队合作，孩子可以学会欣赏他人的优点，取长补短，不断提升自己。接下来就让我们看看如何夸奖孩子，帮助他们掌握合作的技能吧！

这样夸孩子

- 你真是团队里的灵魂，你的努力让每个人都感到自己很重要。
- 你的团队精神感染着每一个人，妈妈看到都很感动。
- 你就像是黏合剂，把大家紧紧地团结在一起。
- 你总是能发现每个人的优点，并且鼓励他们发挥出来。
- 你擅长倾听他人的意见，这使你在团队中非常受欢迎。
- 你的团队协作能力令人印象深刻。
- 你是一个天生的协调者，能确保每个成员都朝着共同的目标前进。
- 你的包容心让每个人都能在团队中找到自己的位置。

- 你永远是第一个伸出援手去帮助队友的人，真让人敬佩。
- 在团队合作中，你总是能提出建设性的建议，大家都很欣赏你这一点。
- 你对团队的贡献不仅仅是完成任务，还有你那积极的态度。
- 你让我们的团队变得更强大，因为你能激发每个人的潜力。
- 你是个优秀的沟通者，总能让团队中复杂的事情变得简单明了。
- 你带领大家一起克服困难的过程，体现了你优秀的领导力。
- 你能够平衡团队中的不同观点，这是非常难得的才能。
- 你总能在冲突出现时找到和平解决的方法，这种处理问题的能力，真的很适合团队管理。
- 你不仅关心任务的成功，还关心每一位队友的感受，这一点体现了你的领导力。
- 你的团队合作能力让我们每个人都感到轻松愉快。
- 你总能找到方法让每个人都参与到团队活动中来。
- 你处理团队事务的方式真是既聪明又体贴。
- 你能够快速适应不同的团队环境，并且迅速融入其中，适应力很强。
- 你对待团队成员就像对待家人一样，这让每个人都感到温暖。
- 你总是在关键时刻挺身而出，帮助团队走出困境，这种解决问题的能力真的很棒。
- 因为有你，你们的球队才有了凝聚力，妈妈佩服你的领导才能！
- 你总是能想出一些好点子，帮助团队突围。
- 你总是懂得如何将团队成员的优势最大化。
- 你为团队带来的正能量是无法用言语形容的。
- 你对待团队合作的态度是那么认真负责，值得所有人学习。
- 你总是能找到让团队更紧密合作的方法。
- 你对团队的付出和贡献，大家都看在眼里、记在心里。
- 你是一个真正的团队领导者，愿意为了集体利益牺牲个人的时间。
- 你能够促进团队之间的沟通与理解，这对于班级活动的成功至关重要。

第六章 夸出好家风，父母是孩子的榜样

感恩父母：
夸孩子懂得感恩，孝顺父母

情景 重现

轩轩，妈妈口渴了，你能帮我倒一杯水吗？

我在打游戏呢，水杯就在你面前，你自己倒吧。

　　生活中，孩子缺乏感恩的情况较为常见。比如：吃完饭后马上离开，不帮忙收拾，也不会表达感谢；在父母为他们买新衣服、新玩具时，孩子仅仅是兴奋而已，觉得这一切都是理所当然，没有任何感恩的话语或举动；当父母关心他们时，孩子要么敷衍回应，要么根本不理会，不知道用心去回应父母的爱。

　　如果家长对孩子的这种行为不加以引导，认为孩子还小，长大自然就懂了，或者在孩子表现出不知感恩时，只是简单地抱怨几句，如"你这孩子怎么这么不懂事"，但没有实际的教育行为，这样可能会让孩子变得更加自私冷漠，甚至严重影响他们的人际关系和人格发展。

1600句 夸出孩子内驱力

情景 分析

所有做父母的，都希望自己的孩子能懂得感恩、孝顺，其实，想要孩子发自内心地孝顺父母，夸奖也是一门大学问！

首先，夸奖孩子的时候要让他明白自己的行为是好的、值得继续保持的。比如，当孩子帮我们倒水的时候，我们可以说："宝贝，谢谢你帮我倒水，你真是越来越体贴了，妈妈（爸爸）心里暖暖的！"这样，孩子就能清楚地知道，他的行为让我们感到开心和温暖，他会更有动力去做类似的事情。

其次，引导孩子换位思考，让他明白孝顺不是单方面的付出，而是双向的情感互动。我们可以和孩子分享我们小时候的故事，告诉他我们是如何照顾爷爷奶奶、外公外婆的，以及我们是如何让他们感受到来自晚辈的爱和关心的。通过这种方式，孩子能够站在父母的角度思考问题，更容易理解孝顺的意义。

最后，我们要记住，夸奖孩子要真诚，要发自内心。不要为了夸奖而夸奖，更不要把夸奖当成一种控制孩子的手段。只有当孩子感受到我们真心的爱和赞赏时，他才会更加乐意去孝顺父母。

这样 夸孩子

- 宝贝，你总是帮妈妈做家务，真是妈妈的贴心小棉袄。
- 孩子，看到你对爷爷奶奶那么孝顺，爸爸心里特别高兴。
- 闺女，你知道妈妈累，给妈妈倒水喝，妈妈心里暖洋洋的。
- 闺女，你给爸爸捶背的时候，爸爸觉得所有的疲惫都消散了。
- 你每次吃饭前都要表达感谢，这种感恩之心让爸爸妈妈很欣慰。
- 你记得妈妈的生日并送了礼物，妈妈真的好感动。
- 孩子，你懂得回报别人的帮助，这份知恩图报的美德让爸爸妈妈感到骄傲。
- 每次听到你说"谢谢"，爸爸妈妈都觉得好欣慰。
- 你给家里带来了那么多欢笑，爸爸妈妈一天的疲劳都消散了。

第六章 夸出好家风，父母是孩子的榜样

- 你总会记得在节日里给爸爸妈妈准备惊喜，真是个孝顺的好孩子。
- 你主动帮妈妈洗碗，让妈妈感觉特别幸福。
- 孩子，你知道帮爸爸整理书房，爸爸知道你是真心疼爱爸爸。
- 你知道主动给妈妈端药，妈妈觉得病痛都减轻了。
- 你会给爸爸讲笑话解闷，爸爸觉得自己是世界上最幸福的人。
- 你每次出门都会跟爸爸妈妈说再见，回来后还会分享趣事，让我们感到很安心。
- 你记得妈妈喜欢的花，还特意存钱买来送给妈妈，妈妈很开心。
- 你懂得在爸爸疲惫时给爸爸一个拥抱，这比任何东西都珍贵。
- 你总是能发现生活中的美好，并与我们分享，让我们感到快乐。
- 你愿意帮弟弟妹妹收拾玩具，爸爸妈妈觉得你是个负责任的好哥哥。
- 你能每周给爷爷奶奶打电话问候一次，他们都夸你懂事。
- 你竟给爸爸准备早餐了，我的宝贝女儿长大了。
- 孩子，你还记得给妈妈写卡片表达爱意，妈妈感到非常幸福。
- 你还给爸爸准备了热茶，谢谢闺女，有这么贴心的闺女，让我每天加班都不觉辛苦！
- 你懂得在妈妈不开心时安慰我，妈妈感到很温暖。
- 儿子，你在爷爷过生日时给他制作的手工礼物，他非常喜欢。
- 累了一天后，有儿子帮我按肩膀，爸爸觉得好放松。
- 你每次放假都会给妈妈讲学校里有趣的事，妈妈好开心。
- 你愿意在周末陪爸爸妈妈散步，我们觉得很快乐。
- 你每次给爸爸讲遇到的趣事，爸爸都觉得好开心。
- 孩子，你记得在妈妈需要帮助时第一时间伸出援手，妈妈觉得你真的懂事了。
- 你会在妈妈伤心时给妈妈一个拥抱，妈妈觉得你是最贴心的孩子。
- 你知道在爸爸遇到困难时给爸爸加油打气，爸爸觉得有你真好。

安排的事马上去做：
夸孩子有行动力，做事麻利

 情景 重现

一些孩子在面对任务时，总习惯拖延，老师布置作业后，他们拖拖拉拉，不到最后一刻不写；家长安排家务时，他们会找各种借口推脱，就是不愿意行动。自己制订计划后，也不能坚定地执行，总是今天推明天，明天推后天……如果家长此时对孩子的这种表现无动于衷，不加以重视，认为孩子还小，长大就好了；或者家长自己也缺乏行动力，答应孩子的事情总是不按时完成，这样会让孩子变得更加懒散，缺乏行动力，也没有目标感和责任感。

轩轩，我们一起整理书房吧，太乱了。

爸爸，我们等会儿再开始吧，先休息一下。

 情景 分析

家长都希望孩子有很强的行动力，不管是学习，还是做其他事情，都能说干就干，而不是自己一催再催。如果孩子习惯拖延，缺乏行动力，那么，家长就要在言语和行动上多给孩子积极的鼓励，激发孩子的行动力，培养孩子做事积极主动的好习惯。但要注意，夸奖孩子要具体，要说明为什么。与其说"宝贝你真棒，执行力太强了！"不如说"宝贝，你一听到妈妈说要出门就立刻开始穿鞋子，动作真迅速呀!"这样孩子就能明白,出门前自己快速穿鞋子的行为是值得肯定的。

还要引导孩子思考为什么要这样做。比如,可以问问孩子:"宝贝,你为什么听到妈妈说要出门就马上去穿鞋子呀?"如果孩子说:"因为我想早点出门去玩。"那家长就可以接着说:"对呀,你早点收拾好,我们就能早点出门,有更多的时间玩啦!"

夸奖孩子要真诚、具体,要帮助孩子理解行为背后的原因和意义,这样才能真正激发孩子的内在动力。

这样 夸孩子

- 你真是个行动派,说做就做!比爸爸妈妈动作还快呢!
- 一听到安排你就立刻行动,真棒!
- 你真是说做就做,行动力真强!
- 你做起事来雷厉风行,妈妈都佩服你!
- 刚制订了计划就马上去做,行动力真强。
- 做事这么麻利,妈妈要称你为"时间管理大师"!
- 你这速度,简直像按下了快进键!
- 每次你自己都能迅速进入学习状态,妈妈觉得特别高兴。
- 你这种即刻行动的态度,值得表扬!妈妈都要向你学习。
- 看到你立刻就开始做,我真是太欣慰了。
- 你的行动力很强,说做什么马上就去做,这点非常值得表扬。
- 你这种说干就干的劲头,真的很鼓舞妈妈。
- 想到了马上就去做,妈妈要为你这种超强的行动力点赞。
- 你总是能够第一时间开始行动,非常难得。
- 刚有了想法马上就执行,你真是个行动高手!
- 做事麻利、行动迅速,这种行动力对你未来的成长会有很大助益。
- 你做起事情来干净利落,效率真高!
- 你的动作真快,就像小旋风一样!
- 你总是第一个积极行动,这份热情真宝贵。

- 你这行动力，就连妈妈也自愧不如呢！
- 你这种立即行动的精神，值得所有人学习。
- 看到你做事不拖延，行动迅速的样子，妈妈好欣慰。
- 你这种不拖泥带水的态度，真是难能可贵。
- 凡事只有行动起来，才能看到成果，你做到了，宝贝。
- 你做起事情来从不拖延，真是好样的！
- 你这股子干劲儿，让每件事都变得简单起来。
- 你这种马上行动的习惯，值得每个人学习。
- 你总能在最短时间内开始行动，真厉害！
- 你的行动如此迅速，让人感到惊讶。
- 你这种立即行动的能力，真是让人刮目相看。
- 你总能迅速进入行动状态，这种能力非常难得。
- 你的速度和成果证明了你是个真正的行动者！

照顾弟弟妹妹：
夸孩子有责任感，爱护家人

情景 重现

轩轩，弟弟摔倒了，你怎么不去帮他呢？

他只是轻轻摔了一下，又没什么事。

在多孩家庭中，有些孩子在弟弟妹妹玩自己的玩具时，会毫不犹豫地抢回，完全不顾及弟弟妹妹的感受；当弟弟妹妹需要帮助时，他们装作没看见，继续沉浸在自己的世界里；在和弟弟妹妹一起玩耍时，只以自己的乐趣为中心，丝毫不考虑弟弟妹妹的需求。如果家长此时对孩子的这些行为不加以重视，没有真正引导孩子去关心他人，很可能会让孩子更加觉得自己无需关心他人，进而影响他们的责任感和关爱他人的能力，无法培养孩子爱护家人的品质。

情景 分析

在多孩家庭里，最让父母头疼的难题之一，恐怕就是大宝对小宝的"敌意"了，孩子之所以有这样的表现，归根结底还是因为他们缺乏安全感，害怕爸爸妈妈的爱被抢走。所以，父母在不减少对大宝的爱的同时，还得多从言语上鼓励大宝爱护弟弟妹妹，让大宝发自内心地接受小宝。

要强化孩子照顾弟弟妹妹的积极行为，当然，在这个过程中，我们也要关注到孩子的情绪和感受，比如"你看到弟弟（妹妹）哭了，主动去安慰他，你真是个善良又温暖的孩子！"

每个孩子都希望得到爸爸妈妈的认可，希望自己在爸爸妈妈心中是小大人。所以，在夸奖孩子的时候，我们可以引导孩子去发现自身的成长，比如"你现在已经是个哥哥（姐姐）了，而且现在已经主动学着照顾弟弟妹妹，做妈妈的小帮手，你做得很好，妈妈爱你！"

除了语言上的夸奖，我们还可以用行动来表达对孩子的爱，比如给孩子一个拥抱，或者亲吻孩子的额头，让孩子感受到来自爸爸妈妈的爱和温暖。

这样 夸孩子

- 你真是个好哥哥，妹妹有你真幸福。
- 我看到你帮弟弟整理玩具了，你已经开始学着照顾弟弟了。
- 你对弟弟的耐心陪伴，让我非常感动。
- 当你帮助妹妹学习新东西时，我看到了你的成长。
- 你给妹妹讲故事的场面真温馨，你看妹妹在崇拜你呢。
- 你总是那么细心地看护弟弟的安全，真是个负责任的好姐姐。
- 弟弟哭了，你第一时间就去安慰，你的心真细。
- 你教会了弟弟很多东西，你已经是他们的小老师了。
- 看到你和弟弟一起玩得那么开心，我也很开心。
- 你总是记得提醒妹妹喝水，你真贴心。
- 你不仅自己做得好，做姐姐也好，妈妈好开心能有你这样的女儿。
- 你对弟弟的爱让我觉得家里充满了温暖，快过来让妈妈抱抱。
- 我的大宝长大了，主动提出要帮忙照顾弟弟，妈妈可以轻松一些了，谢谢大宝。
- 你给妹妹做的每一件事都充满了爱，谢谢你。
- 你带妹妹的时候总是那么有耐心，真让人佩服。

第六章　夸出好家风，父母是孩子的榜样

- 👍 你为弟弟准备的小惊喜真是太棒了！
- 👍 你总是能想到让弟弟不哭的办法，真是个创意小天才。
- 👍 你照顾弟弟时真的很有方法，妈妈都不得不佩服你了。
- 👍 你对弟弟的陪伴比任何玩具都要珍贵，妈妈好爱你们。
- 👍 你给妹妹穿衣服的样子真像个小大人。
- 👍 你为弟弟做的所有事都体现了你的责任心。
- 👍 你让弟弟学会了分享，你真是弟弟的好榜样。
- 👍 你帮弟弟妹妹解决争执时的样子真有领导模样。
- 👍 你对弟弟和妹妹的鼓励让他们更加自信了。
- 👍 你带弟弟出去玩时总是那么细心，真是妈妈的好助手。
- 👍 你教妹妹吃饭的样子又耐心又温柔。
- 👍 你教弟弟和妹妹学习新技能时，他们的眼神里都是对你的敬佩。
- 👍 你总是能在弟弟和妹妹需要帮助时及时出现，你是他们的英雄。
- 👍 你和弟弟之间的互动充满了爱，你们的感情太好了！
- 👍 你给弟弟的安全感是无价之宝。
- 👍 你和弟弟一起解决问题时，让我看到了你们的合作能力。
- 👍 妈妈看到了你在陌生人面前对弟弟的保护，有你在，妈妈好安心。

和家人分享快乐：
夸孩子热爱家庭

情景 重现

有些孩子不懂得与家人分享自己在学校、生活中遇到的趣事、快乐等，也不会和家长分享任何不开心、悲伤等情绪，只是一个人默默承受。如果此时家长觉得孩子还小，不懂沟通很正常，或者对孩子的主动交流表现得很敷衍，只是随意应付几句，甚至打断孩子说话去忙自己的事情，很可能会让孩子觉得和父母沟通没有意义，这不仅无法培养孩子的沟通能力，甚至还会让孩子变得更加封闭和自我，在未来的人际交往中遇到更多问题。

情景 分析

孩子愿意和家人分享快乐，体现了他对家庭的热爱！当孩子表现出爱分享、顾家这些好品质时，家长们该怎么夸才能起到事半功倍的效果呢？

首先，我们要明确一点：夸奖的目的不是为了让孩子"表演"分享，而是要他明白，和家人分享快乐是一件很棒的事！将你的感受融入夸奖中，可以让孩子感受到你的爱意，也让他们明白自己的行为能为他人的情绪带来积极的影响。

第六章　夸出好家风，父母是孩子的榜样

举个例子，当孩子兴高采烈地和你分享学校里发生的趣事时，不要只是简单地说"真棒！"可以这样说："宝贝，你这么开心和妈妈分享，妈妈也感受到了你的快乐，你真是个热爱家庭的好孩子！"

其次，家长要以身作则，积极和孩子分享自己的快乐，为孩子树立良好的榜样。比如，下班回家后，可以和孩子分享一天工作中发生的开心的事，让孩子感受到家庭成员之间相互分享的快乐氛围。

最后，家长要引导孩子将分享的范围扩大到家庭以外，让孩子在分享中学会爱、学会感恩、学会与他人建立良好的关系。

家长夸奖孩子懂得分享快乐、热爱家庭，不仅是对孩子良好行为的一种肯定，也是家庭教育中培养孩子情感健康和社会技能的重要组成部分。正确的夸奖方式能够帮助孩子建立自信，增强其正面的社会互动能力，同时也加深了家庭成员之间的情感联系。下面我们就来看看，如何正确夸奖孩子爱分享、热爱家庭的行为，帮助孩子更好地成长。

这样夸孩子

- 你总是愿意和我们一起分享你的快乐时光，这让我们感到非常开心。
- 你如此兴奋地告诉我你的成绩，我感受到了你的喜悦，我为你自豪。
- 听你讲学校的趣事总能让我的心情变好，谢谢你带给我的快乐。
- 谢谢你第一时间和我们分享你成功的喜悦，我们为你感到骄傲。
- 你愿意把你的小秘密和家人分享，这份信任让我们感到非常珍贵。
- 当你愿意把你的经验分享给弟弟时，我知道弟弟是崇拜你的。
- 你总能发现生活中的美好，并且乐于与我们分享，这种乐观感染了我们所有人。
- 你和家人一起庆祝生日时的快乐笑容是最美的，你让这个家充满了爱。
- 感谢你愿意和我们一起分享这份成就感，我们为你自豪。
- 你愿意把你的快乐和家人分享，让整个家都充满了温馨。
- 谢谢你总能和我分享在学校的乐趣，感觉真好，我们要一直保持。
- 当你和我们分享你的绘画作品时，我能感受到你对生活的热爱。

1600句 夸出孩子内驱力

- 你愿意和我们分享你的梦想，我们很高兴，也会一直支持你的。
- 谢谢你和我们分享你进步的喜悦，让我们都能跟着一起开心。
- 是你让家变得更和谐了，谢谢你，儿子。
- 你总是愿意和我们分享你的兴趣爱好，这让我们的相处像好朋友一样放松。
- 当你和家人分享你的音乐时，我能感受到你的快乐是无法言表的。
- 你愿意把你的小成就告诉我们，我们也很愿意倾听，谢谢你，闺女。
- 你和家人一起分享阅读的乐趣的时刻很珍贵。
- 你愿意和爸妈分享你的进步，这种积极的态度也激励了我们。
- 当你和家人分享你的旅行经历时，我们都被你的旅途见闻和发现吸引了。
- 你和我们分享美食时的笑脸，让我们感受到了你对美食的热爱。
- 爸爸妈妈感谢你的分享，否则我们就错过了那么令人惊叹的创意。
- 从你和我们分享的快乐中，爸爸妈妈感受到了运动带给你的活力，我们也要和你一起加入到运动中。
- 儿子，你可以跟妈妈讲讲你在学校的趣事吗，妈妈很想听。
- 闺女，你能把你不开心的情绪讲给妈妈听，妈妈很高兴，妈妈能够理解你当时的心情。
- 你和爸爸妈妈一起分享了你的摄影成果，让我们感受到了美好时刻值得珍藏。
- 谢谢你愿意和我们分享你的音乐演奏，你的才华让我们感到自豪。
- 你分享的科学实验太有趣了，这种探索精神让爸妈都感到敬佩。
- 你愿意跟我们分享你的秘密，说明你信任我们，这让我们很开心。
- 你总是能发现生活中的美好，并且把这份快乐传递给我们，让我们感觉太幸福了！
- 你总能找到机会让大家开怀大笑，你是家里的开心果。

能感受到你的爱：
夸孩子善于表达爱意

情景重现

（宝贝，妈妈爱你，你爱不爱妈妈呀？）

（妈妈，我……我不好意思说肉麻的话。）

很多孩子不会表达自己对父母的关心和爱意，或者有时候孩子看到父母为自己辛苦付出，却只是默默接受，从不会说一句感谢或表达爱意的话；在与父母相处时，总是表现得很冷淡，不会主动表达关心和爱意；即使在特殊的日子里，也完全想不到用言语或行动来向家人表达自己的情感。

如果家长此时对孩子的这种行为视而不见，觉得孩子还小，不懂表达很正常，或者即使孩子偶尔有表达的尝试，家长也只是敷衍回应，比如孩子鼓起勇气说"我爱你"时，家长只是随意"嗯"一声便不再理会。这种错误的反应和引导不仅无法培养孩子表达爱意的能力，反而会让孩子变得更加封闭和不善于表达情感。

情景 分析

很多爸爸妈妈都知道，爱要大声说出来，也要勇敢表达出来。但是，面对孩子表达爱意的方式，我们真的做对了吗？

爱需要表达出来！从小鼓励孩子表达爱意，不仅能让他们更自信、更快乐，还能帮助他们建立良好的人际关系。

当孩子对父母说"我爱你"，或者给父母一个拥抱的时候，父母应该怎么说、怎么做呢？很多家长可能会习惯性地说"宝贝真乖"，或者"妈妈也爱你"，但这其实是在用自己的感受回应孩子，而不是关注孩子的行为本身。要具体地描述孩子的行为，并表达你的感受。比如，你可以说："宝贝，你主动拥抱妈妈，妈妈觉得好幸福呀！"或者说："你对奶奶说'辛苦了'，奶奶一定很开心，你真是个贴心的孩子！"

真诚地表达你的爱意！拥抱、亲吻、眼神的交流，都是很好的表达方式。要发自内心，不要敷衍了事，你的真诚和热情，孩子是能够感受到的。

夸奖孩子，不仅仅是为了让他们开心，更是为了让他们明白，爱和被爱都是美好的！学会正确地夸奖孩子，不仅能让孩子感受到被爱和被肯定，还能帮助他们更好地理解爱、表达爱。

这样 夸孩子

👍 你总是用最温暖的方式告诉我你爱我，这让我非常感动。

👍 当你拥抱我的时候，我能感觉到你满满的爱。

👍 听到你说"我爱你"，总能让我一整天都心情大好。

👍 你做的每一个小手工都充满了爱，真是太棒了！

👍 你对家人的关心就像阳光一样温暖，真是个有爱心的孩子。

👍 你用画笔画出的爱，比任何言语都要生动。

👍 你写给妈妈的小纸条，妈妈每次看到，心里都会觉得暖洋洋的。

👍 虽然你只能帮我做一些小事，但妈妈知道那都是你爱的体现。

👍 你给妈妈的拥抱是最治愈的良药。

第六章　夸出好家风，父母是孩子的榜样

- 你总是记得给妈妈一个晚安吻，这让我感到特别幸福。
- 你为爸妈准备的小惊喜，让爸妈感受到了你的爱。
- 你不仅会说"我爱你"，还会用行动来证明。
- 你为爷爷奶奶做的点点滴滴都充满了爱，让妈妈也感到了温暖。
- 你总是能找到让家人开心的方法，这是多么珍贵的能力啊！
- 你为我做的早餐，是我吃过最好吃的早餐，让我感受到了你的爱。
- 你送给我的花，让我感受到了春天的气息。
- 你总能找到最温暖的方式来表达你的爱，这真是太棒了！
- 当你说出那些充满爱的话语时，我的心都融化了。
- 你的拥抱总是那么紧，让我感受到了你满满的爱意。
- 你写的那些小纸条，让家里每个角落都充满了爱。
- 听到你对妈妈说"我爱你"，是妈妈一天中最美好的时刻。
- 谢谢你送给妈妈的礼物，妈妈会永远珍藏的。
- 你为我们家庭带来的欢笑是最宝贵的礼物。
- 你能够说出自己的感受，并且能够表达对家人的感激之情，这是一种很棒的能力。
- 你对家人的爱是无条件的，这让我们每个人都感到无比幸福。
- 你总是能在妈妈需要的时刻给予妈妈拥抱，让妈妈感到被爱。
- 你对家人的关心，让我看到了一个负责任的小大人。
- 每次看到你为家人准备惊喜，我就知道你是一个懂得表达爱的孩子。
- 你能够理解爸爸妈妈的感受，并给出适当的回应，你真是高情商的宝贝。
- 你对待家庭成员的体贴入微，让我们感到无比幸福。
- 你为家人所做的一切，都让我们感受到被深深地爱着。
- 你给爷爷奶奶打电话时的关心话语，让他们感到非常开心。

有问题及时沟通：
夸孩子善于沟通，会商量

生活中，有些孩子看到喜欢的玩具，直接上手抢夺，完全不顾及他人感受，也不尝试与父母沟通自己的需求；在和小伙伴一起玩时，一旦意见不合，就立刻生气发脾气，根本不想通过沟通来解决问题；在学校遇到问题时，选择默默忍受，既不敢跟老师说，也不懂得和同学商量解决办法。

如果家长对孩子的这些行为不加以重视，或者直接满足孩子的无理要求，而没有引导孩子学会沟通，很可能会让孩子觉得不需要沟通就能得到想要的。错误的引导不仅无法培养孩子的沟通能力，反而会让孩子变得更加任性和不懂沟通。

轩轩，我们先商量一下行吗？你还有很多书没看呢，等你看完了我们再买可以吗？

爸爸，我不管，我就要买那本漫画书！你给我买！

善于沟通的孩子更容易与他人建立良好的关系，无论是与家人、朋友相处，还是与同学、老师相处，都能通过有效的沟通解决矛盾、达成共识。而且，沟通能培养孩子的问题解决能力。通过沟通、商量，

第六章 夸出好家风，父母是孩子的榜样

孩子能倾听他人的意见，综合各方观点，从而找到更合适的解决问题的方法。

同时，这种品质也有助于孩子发展自己的思维能力和表达能力，让他们能够清晰地阐述自己的观点，理解他人的想法。

当孩子与家长沟通商量某件事情时，家长可以说："宝贝，你刚刚很有条理地说出了自己的想法，还认真听了妈妈的意见，这种沟通方式非常棒。"明确指出孩子在沟通商量中的具体优点，让孩子知道自己哪些行为是值得肯定的。其次，可以将沟通商量与良好品质联系起来，比如"你这么善于沟通商量，说明你很尊重他人，也很有智慧，懂得用更好的方式解决问题。"当孩子感受到家长对自己这一品质的重视和认可，会更加愿意与家长交流互动，家庭氛围也会更加和谐温暖。

正确的表扬方式有助于培养孩子健康的自尊心和社会技能，使他们在今后的学习和生活中能够更好地与人相处，解决问题，并成长为自信的小谈判家。同时，这也促进了亲子之间的关系，为孩子创造了一个支持性和鼓励性的成长环境。

这样 夸孩子

- 你真的好棒，总是能告诉我们你心里想什么！
- 看到你有事就来找我说，妈妈感受到了自己对你的重要性。
- 你真厉害，能把自己的感觉说得清清楚楚的！
- 每次遇到难题你都会来找我们商量，这样真好！
- 勇敢地把心里话说出来，爸妈都愿意听你说！
- 你真是个小小沟通专家，能把话说得这么明白！
- 你每次都能想到跟我们聊聊，真是太懂事了！
- 你说话的条理性很清晰，让人很容易听懂！
- 你真是个阳光宝宝，总是能坦率地说出自己的想法！
- 你是个超级棒的小伙伴，愿意跟大家分享你的想法！
- 你表达自己需求的时候，就像个小老师一样清楚！
- 你遇到问题就会找我们谈一谈，真是个机灵鬼！

- 你用温柔的声音说话，大家都愿意听你说！
- 遇到困难你从不害怕，总是愿意说出来一起解决，这样很好！
- 你讲起话来条理清晰，真是个表达小天才！
- 你总是能用积极的方式说话，像个小太阳！
- 你懂得怎么和别人好好说话，真是个沟通小高手！
- 你每次遇到问题都能冷静下来找我们帮忙，爸妈很欣慰！
- 你说话的声音真好听，让人一听就喜欢！
- 你愿意和大家一起商量问题，这样很好哦！
- 你总是先听别人说话，然后才说自己的想法，这种做法很难得！
- 你解决问题的方法总是充满了智慧，还愿意分享出来，谢谢你！
- 很高兴你愿意说出自己的困惑，我们一起想办法！
- 你讲话的样子真可爱，大家都会认真听！
- 你总是能说出自己的想法，让大家更了解你！
- 你总是用最恰当的方式和大家交流，真是厉害！
- 你遇事会和我们商量，也愿意接受我们的建议，这点非常值得称赞。
- 你每次都能不疾不徐、清晰地说出自己的想法，具备这种沟通能力非常厉害！
- 拿不准的事情，你习惯和我们商量，这个习惯非常难得，也体现了你的理智。
- 你说话时温和的语气，总是让人愿意倾听。
- 你说话的方式让大家都愿意和你做朋友！
- 你总是能用最简单的话说出最重要的事情，真是个小小谈判家！

帮助家人分担忧愁：
夸孩子懂得减轻父母负担

**情景 重现**

很多时候，在父母忙碌一天回家后，孩子依然沉浸在自己的玩耍世界中，对父母的疲惫视而不见；当父母为家庭琐事烦恼时，孩子完全置身事外，觉得这些都与自己毫无关系；即使看到父母身体不舒服，孩子也不会主动表达关心和照顾，依旧我行我素……

如果家长对孩子的这种行为不加以重视，认为孩子只要好好学习就行，不需要为自己分担忧愁，可能会让孩子觉得不关心家庭、不体会父母辛苦是理所当然的，导致孩子的家庭责任感缺失，孩子会变得更加自私和冷漠。

轩轩，你能帮妈妈按摩一下肩膀吗？上班真累啊。

我忙着看动画片呢，我上学也累呀。

**情景 分析**

分担家人的忧愁，对孩子们来说，是一个培养责任意识、理解他人的重要途径。家长可以从新的视角出发，学会恰当地夸奖孩子，让他们在承担家庭责任的同时，也能感受到成长的乐趣和被爱的温暖。

当孩子们主动分担父母的忧愁时，他们就像是一位位小大人，用稚嫩的双手为家庭带来一丝温暖和轻松。作为家长，我们可以这样来赞美这些小大人。

1600句 夸出孩子内驱力

留意孩子在日常生活中的细微变化，比如他们开始主动整理自己的玩具，或者帮助年迈的祖父母、父母做家务时，家长可以这样说："我注意到你昨天帮奶奶拿药，她腿脚不方便，你这样做让她很开心，也让我感到非常自豪。"让孩子知道他们的行为被看见，并且这种行为是受欢迎的。

当孩子做出有利于家庭的行为时，及时给予肯定，比如，"你记得提醒妈妈关煤气，好细心啊！你的关心让我们更安全。"

让孩子知道，他们的付出不仅仅是完成了某项任务，更重要的是带来了情感上的慰藉。比如，"当你帮我洗碗时，我觉得工作一天的疲惫都消散了，谢谢你给我的支持。"

夸奖孩子分担家人忧愁，是为了培养孩子内心深处的责任感和同理心，通过真诚的赞赏与鼓励，我们可以帮助孩子建立起健康的人格特质，让他们在未来的人生旅途中走得更加稳健。

这样 夸孩子

👍 你真是贴心的宝贝，知道帮爸妈分担压力，我们超开心的！

👍 你帮家里想了这么多，爸爸妈妈心里暖暖的。

👍 你主动说要帮忙，爸爸妈妈觉得轻松多了！

👍 你总能看到爸爸妈妈的辛苦，主动帮忙，真乖！

👍 你帮家里做事的样子，让爸爸妈妈好温暖。

👍 你知道爸爸妈妈的不容易，还帮忙做事，真是个好孩子。

👍 你能看到爸爸妈妈的忙碌，也能主动上前帮忙，我们很幸福！

👍 你主动帮家里解决问题，让爸爸妈妈的烦恼少了很多呢。

👍 你总是那么体贴，帮爸爸妈妈做了好多事情。

👍 你为家里做的事，让爸爸妈妈看到了你的成长。

👍 你做的每件事，都让家里变得更轻松。

👍 你懂爸爸妈妈的辛苦，还帮忙做事情，真是爸妈的好儿子！

👍 你能认真听爸爸妈妈说话，还能帮我们解决烦恼，真好！

👍 在妈妈下班后，你能给妈妈洗水果、倒水，真是贴心的宝贝。

第六章 夸出好家风，父母是孩子的榜样

- 你想得太周到了，让爸爸妈妈少操了好多心。
- 你很爱弟弟，你会把好吃的留给弟弟，这是亲情的体现。
- 你总是在爸爸妈妈需要的时候出现，给我们支持，爸爸妈妈爱你。
- 你用承担了大部分家务劳动的实际行动告诉我们，你是可以依靠的。
- 你帮爸爸妈妈分担家务的烦恼，让我们省了不少心，谢谢你宝贝。
- 你能帮家里做事了，这让我们更有力量。
- 你帮家里减轻负担，爸爸妈妈真高兴！
- 你总能找到办法帮我们减轻压力，真是个贴心的好孩子。
- 你知道家里遇到了困难，再也不随便买玩具了，你这种对家庭的责任感难能可贵。
- 在节日里，你总会给家人精心准备礼物，你的爱，我们都收到了，谢谢宝贝。
- 你愿意帮爸爸妈妈分担烦恼，让我们觉得很安心。
- 你总是那么善解人意，帮妈妈做了好多事情，真的非常感谢你！
- 你现在已经可以做很多家务了，爸爸妈妈感谢你对家庭的付出。
- 你的每一次付出，都让我们感受到了家庭的力量。
- 你不仅学会了自理，还学会了如何关爱别人。
- 你所做的每一件事，都在向我们证明你是一个值得信赖的人。
- 你是个有责任感的好孩子，总是在默默地为我们分忧。
- 你对家人的关爱和支持，比任何话语都更能温暖人心。

你做家务的样子真棒：
夸孩子热爱劳动

日常生活中，很多孩子不爱劳动、不喜欢做家务，其表现多种多样：一些孩子看到地上有垃圾时，选择无视，直接从旁边走过；在家人打扫卫生时，只顾着自己玩耍，对家人的付出毫不关心，只沉浸在自己的娱乐世界中；当自己的房间乱成一团时，也不会主动去整理，任由物品杂乱摆放……

如果家长觉得孩子还小，不让他们参与家务劳动，甚至还为孩子的不劳动找借口，认为孩子的主要任务是学习，不需要做家务，可能会让孩子更加觉得劳动与自己无关，变得更加懒惰和缺乏自理能力。

夸奖孩子做家务时，家长的言辞和态度对于孩子形成积极的劳动观念至关重要。正确的夸奖方式不仅能够让孩子感受到成就感，还能培养他们对劳动的热爱，促进良好习惯的养成。

当家长看见孩子主动打扫自己的房间时，可以说："你今天把房间打扫得真干净，地板都闪闪发光了！"这样的夸奖让孩子明白，他们

第六章 夸出好家风,父母是孩子的榜样

的努力被看到了,并且这种行为是值得肯定的。

家长应更多地强调孩子在做家务时所付出的努力,而非天赋。比如,"我看到你花了很长时间才把那些书本按照大小顺序摆好,你一定很认真地在思考和尝试,这种做事认真、善于思考的态度真是太好了。"这样可以帮助孩子建立起"努力就有收获"的信念,而不是依赖于天生的能力。

在夸奖孩子时加入情感元素,让孩子感受到父母的爱和感激。例如,"看到你这么细心地照顾家里的植物,妈妈真的很感动。你对家里的贡献让我们每个人都感到幸福。"这样能够让孩子感觉到自己的行为对家庭的重要性,增强归属感。

通过夸奖,孩子能够认识到自己的价值,增强自信心,这不仅能够激励孩子继续积极参与家庭事务,还能帮助他们在成长过程中锻炼动手能力和解决问题的能力,使他们在实践中学习生活的技能。

这样夸孩子

- 你擦桌子的样子就像小超人一样!
- 你扫地的时候就像个小魔法师,地板上的灰尘都不见了!
- 你洗碗时的专注模样,简直比动画片还好看呢!
- 你整理玩具的样子好认真,就像个小管家一样!
- 你整理的书桌好整洁,真是个整洁有序的孩子。
- 你擦窗户时那股子劲儿,谁见了都想夸上几句。
- 你帮忙做饭时的样子,就像是个小厨师长!
- 谢谢你定期给绿植浇水,它们正在用旺盛的生长来回馈你呢。
- 宝贝,你看,你帮妈妈擦的地板,在闪闪发光呢。
- 你擦书架时的样子真可爱,你看,上面的书都在对你微笑,向你表达感谢呢!
- 你收拾房间的速度快得像闪电,真让人惊喜!
- 你把垃圾收拾完后,家里变得更清新了!
- 你晾衣服还知道理顺,真是又勤快又细心的孩子!

- 👍 你擦的桌子无比干净，桌面都能当镜子用了！
- 👍 你的床铺收拾得好平整，真是个爱整洁的姑娘。
- 👍 你擦的门把手锃亮锃亮的，比妈妈还厉害呢！
- 👍 你的书包整理得好整齐，这样取用书本就更方便了。
- 👍 多亏有你帮妈妈清洁厨房，要不然一整天我都清洁不完。
- 👍 你洗的水果好干净，吃起来都更香甜了呢。
- 👍 知道妈妈工作忙，你不仅洗自己的衣服，还帮妈妈洗，宝贝，妈妈有你真幸福！
- 👍 乱丢的鞋子被你摆放得好整齐，整个房间都变得清爽整洁了。
- 👍 你擦得玻璃好干净，房间也变得更明亮了。
- 👍 你学会了整理衣柜，让每件衣服都找到了自己的家！
- 👍 你的辛苦付出让家里更整洁了，妈妈给你点赞！
- 👍 你擦餐桌真细心，每个角落都被你照顾到了！
- 👍 你将每个玩具都妥妥当当地安置在玩具箱内，很有秩序感！
- 👍 那么多东西这么快就收拾好了，真是又勤快又有效率！
- 👍 花园被你整理后，花草们都显得更有精神了！
- 👍 你能主动来帮我收拾碗筷，妈妈特别高兴。
- 👍 你在收纳整理方面很有自己的想法，妈妈也要向你学习。
- 👍 谢谢你帮着收拾餐具，妈妈可以早点休息了。
- 👍 你太会叠毛巾了吧，这么平整，我都舍不得用了。